Eine Bildreise

Hans Jessel / Rolf Kuschert / Ellert & Richter Verlag

Eiderstedt und Friedrichstadt

Autoren / Quellen / Impressum

Hans Jessel, geb. 1956 in Westerland, ist Diplomgeograph. Er lebt als freiberuflicher Schriftsteller und Fotograf in Keitum auf Sylt. Zahlreiche Ausstellungen, Foto- und Textveröffentlichungen, u. a. zwei Reisehandbücher über Madeira und die Azoren. Im Ellert & Richter Verlag erschienen seine Reisebücher „Nordfriesland" und „Sylt", „Das Radwanderbuch Sylt", „Friesenhaustüren" und seine Bildreisen „Sylt", „Schleswig-Holstein", „Mecklenburg-Vorpommern", „Auf Caspar David Friedrichs Spuren", „Sachsen" und „Schönes Niedersachsen".

Rolf Kuschert, geb. 1927 in Husum, ist Kreisverwaltungsdirektor i. R. und lebt in seiner Heimatstadt. Nach dem Studium (mit Schwerpunkt Geschichte und Evangelische Theologie) war er 20 Jahre hauptamtlich am Gymnasium und nebenamtlich in der Erwachsenenbildung tätig. Danach wurde er Kulturdezernent des 1970 gebildeten Kreises Nordfriesland. Zahlreiche Veröffentlichungen zur Geschichte und Landeskunde mit Schwerpunkt Nordfriesland und Vortragstätigkeit in verschiedenen Themenkreisen politischen und historischen Inhalts.

Farbfotos: Hans Jessel, Keitum/Sylt
Alle Aufnahmen mit LEICA-Kameras und -Objektiven
Titelabbildung: Hochdorfer Haubarg, Tating

Farb- und S/W-Abbildungen im Textteil:
Kreisarchiv Nordfriesland, Husum: S. 7, 84/85
Verlag H. Lühr & Dircks, Hamburg: S. 8/9
Hans Knutz, Witzwort: S. 19
F. Spacek + Co., Hans Hoffmann, Husum: S. 30/31, 32/33, 70, 71
Sammlung Dr. Rolf Kuschert, Husum: S. 41, 53, 61, 76/77
Gesellschaft für Tönninger Stadtgeschichte, Tönning: S. 52
Husum Druck- und Verlagsgesellschaft, Husum: S. 79
Hans Jessel, Keitum/Sylt: S. 86/87

Die Deutsche Bibliothek – CIP-Einheitsaufnahme
Eiderstedt und Friedrichstadt / Hans Jessel; Rolf Kuschert – Hamburg: Ellert und Richter, 1994
(Eine Bildreise)
ISBN 3-89234-469-8
NE: Jessel, Hans; Kuschert, Rolf

© Ellert & Richter Verlag, Hamburg 1994
Alle Rechte vorbehalten

Text und Bildlegenden: Rolf Kuschert, Husum
Lektorat: Dorothee v. Kügelgen, Hamburg
Gestaltung: Hartmut Brückner, Bremen
Satz: Setzerei C. H. Wäser KG, Bad Segeberg
Karte: Fremdenverkehrsgemeinschaft Eiderstedt e.V., Garding
Lithographie: Scantrend Brümmer und Partner, Offenbach
Druck: C. H. Wäser KG, Bad Segeberg
Bindung: Buchbinderei Büge, Celle

Inhalt

Eiderstedt: grüne Halbinsel, aus dem Meer geboren

Der Besucher Eiderstedts, der die Halbinsel von Ost nach West durchmißt, erlebt das Land als weitgedehnte grüne Ebene. Wenn im Frühjahr die Wiesen blühen oder wenn im Mai der Raps Farbe zeigt, tritt prächtiges Gelb in Kontrast zum satten Grün. Unterbrochen wird die Fläche durch Baumgruppen, die einzelne bäuerliche Anwesen oder die Ortskerne kleiner Gemeinden umgeben. Erreicht der Blick des Reisenden den Horizont, dann erkennt er die Deichlinie, die fast die ganze Halbinsel umschließt, als klaren Trennungsstrich zwischen Himmel und Erde. Südlich der Deiche fließt Schleswig-Holsteins längster Fluß, die Eider, und mündet hier in die Nordsee. Nördlich der Küste hat sich im Wattenmeer die Hever als reißender Tidenstrom ihr Bett geschaffen.

Aus den größeren Baumgruppen ragen hier und dort Kirchtürme hervor; es fällt dem aufmerksamen Beobachter auf, wie zahlreich sie sind und wie gering ihre Abstände voneinander. Ebenso wird er große reetgedeckte Bauernhäuser entdecken, die Haubarge, die er aus anderen Landschaften nicht kennt. Die Wasserläufe hingegen, die der Reisende auf seinem Weg überquert oder die seine Straße begleiten, werden kaum Aufmerksamkeit auf sich ziehen. Erst später, wenn er sein Urlaubsland näher erkundet hat, wird er erfahren, was das Wasser zu allen Zeiten für Eiderstedt bedeutet hat und noch bedeutet,

welch dramatische Ereignisse dazu geführt haben, daß er dieses Land heute als eine freundliche, friedliche, Erholung spendende Umgebung vorfindet.

Mit den Maßstäben der Erdgeschichte gemessen, zählt Eiderstedt zu den jungen Landschaften des Landes Schleswig-Holstein. Die Halbinsel verdankt ihr Dasein Vorgängen, die sich erst nach dem Ende der letzten Eiszeit abgespielt haben: Vor etwa 5.000 Jahren reichte die Nordsee bis zum Rande der Geest, und ganz Eiderstedt lag noch in ihrem Bereich. Von Ost nach West schufen die Strömungen der See einen Sandwall, der sich vom heutigen Katharinenheerd bis nach St. Peter-Ording erstreckt. Ein anderer Sandwall zog sich in nord-südlicher Richtung im Bereich des heutigen Witzwort hin. An diese Strandwälle lagerte die Nordsee ihre Sedimente ab, aus denen in einem langen Prozeß schließlich fruchtbare Marschen wurden. Hier – auf den Nehrungen und am Rande der Marsch – fanden die ersten Siedler während der Römischen Kaiserzeit, also in den ersten fünf nachchristlichen Jahrhunderten, Möglichkeiten zu siedeln und ihr Dasein zu sichern.

Die Halbinsel bildete jedoch zu dieser Zeit kein geschlossenes Gebiet. Breitere und schmälere, in ständigem Wandel begriffene Wasserläufe, die dem Menschen als Verkehrswege dienten, bestimmten das Bild der Landschaft. Ebbe und Flut ließen das Wasser der Nordsee ein- und ausströmen.

Der Altmeister der Warftenforschung, Albert Bantelmann, konnte nach jahrelangen Ausgrabungsarbeiten auf Tofting, zwischen Tönning und Oldenswort, das in seiner Blütezeit an einer alten Eiderschleife gelegen hat, ein Bild vom Leben der Menschen im alten Eiderstedt entwerfen. Zunächst siedelten sie auf dem natürlich gewachsenen Uferwall der Eider. Erst im Laufe der Zeit haben sie den Siedlungsplatz aufgehöht, so daß zu

Beginn der Völkerwanderung eine stattliche Warft, ein künstlich aufgeworfener Siedlungshügel, als Schutz gegen Hochwasser, entstanden war, der ein ganzes Dorf trug. Während der Ausgrabungen konnten die Überreste mehrerer Häuser freigelegt werden. Es waren Großbauernhöfe, die unter einem in Ost-West-Richtung langgestreckten Dach Wohn- und Stallteil vereinigten. Das Dach wurde von Pfosten getragen, und die Wände waren aus Flechtwerk gefertigt.

Am südlichen Rand des großen Sandwalles und am hochaufgeschlickten Nordufer der Eider hat sich einst eine ganze Reihe solcher Siedlungen hingezogen. Funde deuten darauf hin, daß die Bewohner über Eider und Nordsee Handelsverbindungen bis in die Provinzen des Römischen Reiches unterhalten haben müssen.

Zur Zeit der Völkerwanderung haben diese Menschen jedoch ihre Heimat verlassen, um sich neue Wohnplätze zu suchen. Warum sie fortzogen, läßt sich bis heute nicht eindeutig klären. Der allmählich steigende Wasserspiegel der Nordsee allein kann nicht die Ursache gewesen sein, denn gegen ihn konnte man sich auf den mittlerweile aufgewachsenen Warften sichern.

Die Archäologen konnten erst Spuren aus dem achten Jahrhundert nachweisen, die auf eine neuerliche Besiedlung der alten Wohnplätze hindeuten. Wieder war es Albert Bantelmann, der durch seine Grabungen in den Jahren 1957 – 1964 auf der Warft Elisenhof bei Tönning das Material lieferte, aus dem ein Bild von der Entwicklung in den nächsten Jahrhunderten gezeichnet werden konnte: Auch hier entstand zunächst eine Flachsiedlung nahe dem Ufer der Eider, und wiederum wurde das Gelände nach und nach durch Klei- und Mistschichten erhöht. Die Menschen lebten wie ihre Vorgänger mit dem Vieh – zehn bis dreißig Großtiere hatten in den Häusern Platz – unter einem Dach. Schafe und Rinder fanden ihre Weideplätze in der Nähe der Siedlung. Etwas weiter entfernt auf der höheren Marsch war schließlich auch Ackerbau in bescheidenem Umfang möglich.

Von einem Deichbau, den wir in der Marsch zum Schutz von Mensch und Tier und zum Erhalt des (entsalzten) Ackerlandes erwarten, findet sich in dieser frühen Zeit noch keine Spur. Die Siedlungen ähnelten eher den Halligwarften. Soweit die Forschung Licht in das Dunkel der Geschichte Eiderstedts bringen konnte, dürfen wir annehmen, daß der Deichbau in bemerkenswertem Ausmaß erst seit dem 12. Jahrhundert betrieben worden ist. Aus früherer Zeit werden zwar von Chronisten Daten über Deichbauten benannt, doch es fehlen zuverlässige Quellen, die sie belegen könnten. So dürfen wir vermuten, was die Archäologen bestätigen werden: Die planmäßige Sicherung und Besiedlung der Halbinsel Eiderstedt ist ein Vorgang, der sich vornehmlich im Mittelalter abspielte.

Spät erst beginnen die Quellen schriftlicher Überlieferung zu fließen. Wir müssen jedoch annehmen, daß sich schon früh feste Ordnungen für das Zusammenleben der Menschen gebildet haben. Die stetige Gefährdung durch die Nordsee machte den einzelnen von der Gemeinschaft abhängig, diese aber konnte nur bestehen, wenn jedes ihrer Glieder zur Sicherheit aller beitrug. Daher bestimmen schon die ältesten uns bekannten Aufzeichnungen des Deichrechts, daß nur derjenige, der entsprechend der Größe seines Besitzes seinen Beitrag zum Bau und zur Unterhaltung der Deiche leistete, auch das Recht hatte, im Schutz der Gemeinschaft zu leben. „Wer nich will dieken, mutt wieken!", lautet der harte, aber lebensnotwendige Grundsatz. Wer seine Pflichten nicht erfüllen kann oder will, der muß seinen Spaten in den Deich stecken und damit seinen Besitz aufgeben. Für diese und auch für alle anderen Rechtssetzungen bedurfte es im mittelalterlichen Eiderstedt keines Landesherrn. „Der dryger lande raed alze Eyderstede Euerscup vnde Vtholm vnde der lant vulmechtich" – „der Dreilandenrat von Eiderstedt, Everschop und Utholm und die Gevoll-

mächtigten des Landes" – verabschiedeten bis zum 16. Jahrhundert die Gesetze. Sie waren die Ratmänner in den Gerichten – also die Urteilsfinder – und die gewählten Vertreter aus den 18 Kirchspielen der Landschaft. Kirchspiel, im Niederdeutschen „Carspel", war hier die Bezeichnung für die politische Gemeinde. Die „Harde" war seit dem Mittelalter der Gerichts- und Verwaltungsbezirk. Alle drei Harden zusammen bildeten die politische Einheit der „Landschaft".

Jahrhundertelang begegnet uns in schriftlichen Aufzeichnungen die Unterteilung der späteren Halbinsel in drei Harden, wie sie durch die Wasserläufe gegeben war. Ja, der Begriff der „Dreilande" lebte auch weiter, als es gelungen war, die drei Teile durch den Bau von Dämmen und die Gewinnung von Kögen zu einer geographischen Einheit zusammenzufassen. Diese Einheit sah man gekommen, als im Jahre 1612 ein Koog, d.h. ein Stück der Nordsee abgewonnenes und durch Deiche geschütztes Marschland, gewonnen werden konnte, dessen Deiche an alle drei Lande stießen; man nannte ihn daher „Dreilandenkoog". Im folgenden Jahr ließen die Vorsteher des Landes einen neuen Ring mit einem prächtigen Siegel fertigen, das drei Schiffe zeigt,

Im Jahre 1613 ließen die Dreilande Eiderstedt, Everschop und Utholm ihr gemeinsames Siegel fertigen: „Sigillum Eiderstadensium". Die drei Koggen tragen an den Rümpfen die Zeichen für die drei Harden: Löwenkopf (Utholm), Fisch (Everschop) und Ochsenkopf (Eiderstedt); die Schriftzeile schließt sie zu einer Einheit zusammen.

Westerhever

Osterhever

Ording

Witzwort

Tetenbüll

Oldenswort

Tating

Garding

Cating

Tönning

St. Peter

Welt

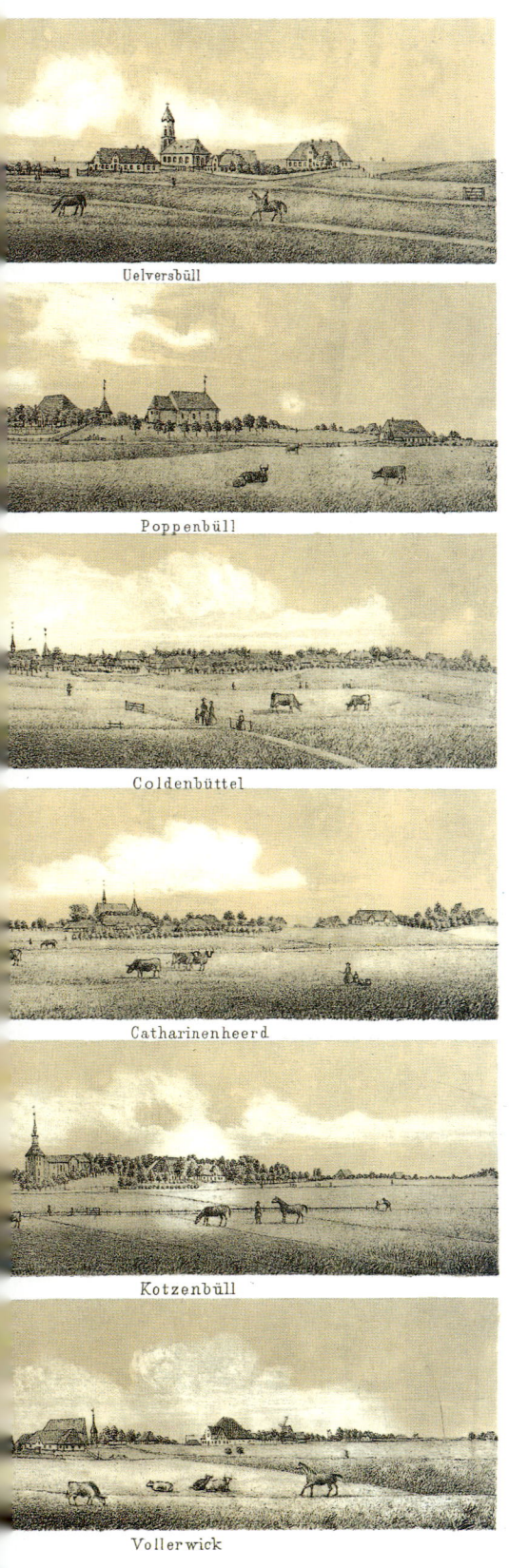

Uelversbüll

Poppenbüll

Coldenbüttel

Catharinenheerd

Kotzenbüll

Vollerwick

Die „Rundschau in der Landschaft Eiderstedt" aus dem 19. Jahrhundert zeigt auf einen Blick alle 18 Kirchspiele der Region. In der Regel krönen Kirchtürme die Silhouetten der Ortskerne – man versteht, warum die Halbinsel auch das „Land der Kirchen" genannt wird.

eines für Utholm, eines für Everschop und eines für Eiderstedt. Die Wappenschilde auf den Schiffsrümpfen tragen als Zeichen für Utholm den Löwenkopf, der das Herzogtum Schleswig verkörpert, für Everschop einen Fisch und für Eiderstedt einen Ochsenkopf.

Für die Bewohner der zusammengewachsenen Halbinsel war ihr Gebiet jetzt auch politisch eine Einheit. Wenn man trotzdem zwei Landgerichte hatte und die Landschaft verwaltungstechnisch in einen Westerteil (Everschop und Utholm) mit Mittelpunkt in Garding und einen Osterteil (Eiderstedt) mit Mittelpunkt in Tönning unterteilte, so geschah das lediglich aus Rücksicht auf die Größe der Halbinsel und auf die schwierigen Verkehrsverhältnisse. Überall zwischen Koldenbüttel und Westerhever galt das Eiderstedter Landrecht, überall mußte man sich nach der Eiderstedter Deichordnung richten, überall führte der Staller als Vertreter des Landesherrn zusammen mit seinen beiden Landschreibern die Oberaufsicht über das politische Leben in der Landschaft und in ihren Kirchspielen. Für alle entschied nur eine Landesversammlung in Angelegenheiten der Selbstverwaltung. Ihre höchsten Repräsentanten hatte die Landschaft in zwei Pfennigmeistern, die Kirchspiele in ihren Lehnsleuten.

Die politische Ordnung der Dreilande, die Teilung der Gewalt zwischen den Organen der Selbstverwaltung und der staatlichen Aufsicht, blieb im Kern bis in die letzten Jahrzehnte des 19. Jahrhunderts bestehen, als allmählich die modernen Verordnungen des Preußischen Staates für Gericht und Verwaltung die alten ablösten. Ein englischer Staatswissenschaftler, der ganz Europa bereiste, Samuel Laing, kam im Jahre 1852 zu dem Schluß, die Landschaft Eiderstedt sei „in Wirklichkeit eine kleine Republik". „In einem sehr hohen Grade republikanisch" sei die Landesverfassung, hatte schon ein halbes Jahrhundert vor ihm Friedrich Carl Volckmar geschwärmt. Man lebe hier „in einer Art von Freiheit und Gleichheit", die man in anderen Teilen des Landes „kaum dem Namen nach" kenne. Sehen wir einmal von übertreibenden Schwärmereien ab – denn die Eiderstedter Lebensordnungen mit denen einer modernen Demokratie gleichzustellen, ist abwegig – so bleibt doch zu bestätigen, was der vorzügliche Kenner, der in Kating geborene Landeshistoriker Volquart Pauls, folgendermaßen zusammenfaßte: „Die Eiderstedter Kommunalverfassung ist (...) allen Anforderungen, die an sie gestellt wurden, in vollem Maße gerecht geworden. Der Geist des Gemeinsinns und des Verantwortungsgefühls, in dem sie wurzelte, bedingt durch die Schicksalsverbundenheit im Kampf mit dem Meer, hat ihr dazu die Kraft verliehen."

Seit fast neun Jahrzehnten steht auf einer hohen Warft draußen vor dem schützenden Deich der Leuchtturm Westerhever-Sand. Seine Lampen, die ihr Licht weit auf die Nordsee hinaus senden, helfen als eines der wichtigsten Seezeichen an der schleswig-holsteinischen Westküste, die Sicherheit für die Schiffahrt zu verbessern.

D
ie
riesigen Außensände, die
von der Insel Amrum im
Norden bis zur Halbinsel
Eiderstedt im Süden die
Grenze zwischen der
offenen See und dem
Wattenmeer bilden, waren
hier vor St. Peter und
Ording Grundlage für die
Entstehung eines der
größten Seebäder an
Schleswig-Holsteins
Westküste. Sie sind den
Gewalten der Nordsee auch
heute noch so stark
ausgesetzt, daß nur
„Pfahlbauten" mit den
notwendigen Versorgungs-
einrichtungen schwere
Stürme und hohe Fluten
überdauern können.

D
iese „Deichbewohner" sind als unentbehrliche Helfer bei der Unterhaltung der Grasnarbe für die Sicherung der Deiche zuständig: Unentwegt sind die Schafe damit beschäftigt, sie zu festigen, zu mähen und zu düngen.

B

eim Bau des Eidersperrwerks entstand aus dem früheren „Katinger Watt", d. h. aus den Wattflächen, die sich im Mündungstrichter der Eider vor Olversum und Kating dehnten, festes, sturmflutsicheres Land. Ein Teil davon wird heute vom Fremdenverkehr, ein anderes im Sinne des Naturschutzes und das letzte Drittel von der Landwirtschaft genutzt. Man sieht es der Landschaft nicht an, daß hier, wo noch vor wenigen Jahren die salzigen Fluten ein und aus gingen, heute u. a. ausgezeichneter Spargel wächst.

„Als wäre eine zweite Insel Amrum an den Strand getrieben": Utholm

Utholm, die „Insel draußen", ist von alters her der Name für den westlichsten und zugleich den kleinsten Teil der Halbinsel Eiderstedt; er umfaßt die Gemeinden Tating, Tümlauer Koog, Westerhever, St. Peter und Ording, die beiden letzten seit 1967 eine Gemeinde.

„Hier endigt das Land mit einem wüsten Dünenstriche, der so aussieht, als wäre eine zweite Insel Amrum hier an den Strand getrieben" – das ist der Eindruck, den der weitgereiste Johann Georg Kohl in seinem Bericht über Marschen und Inseln im Jahre 1846 zu Papier gebracht hat. Er weist bereits darauf hin, daß in St. Peter die Dünenkette, die sich an der Nordseeküste von Fanö bis hierher zieht, ihr südliches Ende hat. Aber für ihn bedeuten die Dünen im Westen Eiderstedts, ebenso wie die von Amrum, nur Armut für die Menschen, die hier ihr Auskommen finden müssen.

Unser Reisender konnte kaum ahnen, daß nur wenige Jahre nach seinem Besuch der wahre Wert der Dünenlandschaft in unmittelbarer Nähe der brandenden Nordsee entdeckt werden sollte.

Es sollte allerdings noch geraume Zeit ins Land gehen, bis sich in den Dünen und auf den weiten Stränden vor Utholm ein wirklicher Kurbetrieb entfalten konnte. Der Landstrich teilte mit den anderen sandigen Küsten in Nordfriesland, mit den Inseln Sylt, Föhr und Amrum, das Schicksal der Verkehrsferne. Langsam, in mehreren Etappen, tastete sich die Eisenbahn nach Eiderstedt vor: Im Jahre 1854 konnte die „Südschleswigsche Eisenbahn" Flensburg – Tönning eingeweiht werden. Seit 1887 verband eine Bahn Neumünster und Heide mit dem Fähranleger Karolinenkoog gegenüber Tönning, 1892 baute man von Tönning nach Garding weiter, und erst im Jahre 1932 lösten die Züge der Reichsbahn auf der letzten Strecke Garding – St. Peter-Ording die Taxen und Omnibusse ab.

Mit der Verbesserung der Verkehrsbedingungen und der wachsenden Reiselust der Menschen, aber auch der Einsicht in die heilenden Kräfte des Nordsee-Klimas, wuchs die Zahl der Badegäste ständig an. Wachsende Gästezahlen eröffneten dann auch für unternehmungsfreudige Menschen neue Zukunftsaussichten. Im Jahre 1877 wagte es Friedrich Jensen, sein „Strandhotel" (in der Nähe des heutigen Wellenbades) zu bauen, und von diesem Zeitpunkt an wird hier die Geschichte des Bades geschrieben. Neben Hotels und Pensionen entstanden Kinder-Erholungsheime und die ersten Sommerhäuser für betuchte Großstadt-Familien. Einen großen Schritt in Richtung Heilbad tat für St. Peter das Ärzteehepaar Felicitas und Richard Felten, als es im Jahre 1913 sein Sanatorium „Zum Goldenen Schlüssel" eröffnete.

Die beiden Weltkriege unterbrachen den Aufstieg der Kurorte, doch bald nach dem Ende des Zweiten Weltkrieges erlebten sie eine Entwicklung, wie sie die Gründer des Bades auch in ihren kühnsten Träumen nicht hatten erahnen können. In zunehmender Zahl kamen die Gäste mit eigenen Kraftwagen, viele steuerten auch aus ferneren Regionen für einen Tagesausflug die Sandbänke für ein Bad in der Nordsee an. Der Bau einer Straßenbrücke bei Tönning und des Straßentunnels durch das Eidersperrwerk bei Vollerwiek erleichterten seit den 70er Jahren zusätzlich den Weg in den Westen Eiderstedts. Doch mehr als alle Verbesserungen der Verkehrswege förderten andere Ereignisse den Zustrom der Erholungsuchenden nach St. Peter und Ording: Die nun zu einer amtsfreien Gemeinde zusammengeschlossenen Ortschaften erlangten die Anerkennung als Heilbad und konnten seit 1958 mit ihrem Kurmittelhaus und später mit dem Wellenbad die Badesaison verlängern. Als dann bei Bohrungen, mit denen man Seewasser erschließen wollte, zufällig eine Schwefelsolquelle von besonderem Wert entdeckt wurde, erhielt St. Peter-Ording sogar die amtliche Bezeichnung „Nordsee-Heil- und Schwefelbad".

In den Jahrzehnten nach dem Zweiten Weltkrieg veränderte sich infolge der dargestellten Entwicklungen das Bild des Ortes grundlegend. Mehr als 100.000 Gäste mit über eineinhalb Millionen Übernachtungen jährlich seit Mitte der 70er Jahre bedeuten, daß es einen bis heute ungebrochenen Bauboom gegeben hat. Hotels, Pensionen und Quartiere in Privathäusern entstanden in immer größerer Zahl, aber auch Hochhäuser mit Eigentumswohnungen schossen in die Höhe und veränderten das Ortsbild. Wertvollstes Gut bleibt für Einheimische wie für Gäste die Natur, die Nordseelandschaft mit ihren Pflanzen und Tieren. Sie gilt es zu schützen und zu erhalten – bei allen berechtigten Wünschen nach einer Nutzung der Natur und ihrer Reichtümer. Heftige Meinungsverschiedenheiten darüber, ob wir es uns auch künftig leisten können, mit Tausenden von Kraftwagen auf die Sandbänke hinauszufahren, ob wir es uns nicht versagen sollten, die grünen Vorländereien zu durchwandern, und ob wir darauf verzichten sollten, die Dünen mit ihren empfindlichen Anpflanzungen zu betreten, sind inzwischen entbrannt. Die wichtigste Entscheidung in der Diskussion über den Naturschutz an der Küste ist mit dem Erlaß des Gesetzes über den „Nationalpark Schleswig-Holsteinisches Wattenmeer" im Jahre 1985 gefallen. Der Nationalpark erstreckt sich vor der ganzen Küste des Landes, von der dänischen Grenze bis zur Elbmündung, und umschließt so auch die Halbinsel Eiderstedt. Ihre Küste ist zugleich die Grenze zum Nationalpark.

Das Wachstum des Fremdenverkehrs in St. Peter-Ording hat längst auch die anderen Gemeinden in Eiderstedt berührt. Nicht nur im alten „Nordseebad" Tönning verzeichnet die Kurverwaltung stetig wachsende Gästezahlen, auch die Gemeinden, die „Urlaub auf dem Bauernhof" anbieten können, haben ihre Stammgäste. Beliebt bei allen Touristen, die sich gern in etwas ruhigere Bereiche zu-

Eine Kur in Bad St. Peter.

Stärkung nötig, das ist klar| Stets Sanct-Peter sich bewährt| Strandpromenade morgens
Seebad hilft da wunderbar. | Klug ist, wer dorthin jetzt fährt.| früh
Da poussiert man, na und wie

Baden in des Meeres Flut, | Ein Vergnügen eigener Art| Von den Dünen, hoch und hehr
Kinder, das erfrischt das Blut.| Ist so eine Segelfahrt. | Sieht man weit hinaus aufs
Meer.

Und der Nimrod mit Bedacht| Auf den Watten ist es schön, | Ein geschätzter Aufenthalt
Segelt auf die Seehundsjagd. | Da bekommt man viel zu sehn !| Ist auch stets im grünen
Wald.

Jeder Atemzug fürwahr | Abends dann im großen Saal| So vergnügt sich früh und
Macht uns jünger ein paar | Réunion ! direct feudal. | später
Jahr. | | Jeder Kurgast in Sanct-Peter.

rückziehen, um hier die schier unend-
liche Weite von Watten und Land,
von Himmel und Wolken zu genie-

Aus der Flut der Karten, die
damals in den neuen
Kurorten entstanden, ragt
diese „Moritatenkarte"
heraus. Sie verzichtet auf
Ortsansichten und macht
nach Art der „Neuruppiner
Bilderbögen" auf die
Vorzüge des Bades an der
Nordsee aufmerksam.

ßen, ist die Gemeinde Westerhever.
Weit draußen, 900 Meter vor dem
Deich, ragt auf hoher Warft ein Bauwerk in den Himmel, das kaum einem Bundesbürger unbekannt sein
dürfte: der Leuchtturm Westerhever-
Sand. Er hat seinen festen Platz in der
Werbung für Schleswig-Holstein und
auch für manches Produkt dieses
Landes. Der Turm wurde als eines
der wichtigsten Seezeichen an der
schleswig-holsteinischen Westküste

im Jahre 1907 errichtet. Seither senden seine starken Lampen aus einer
Höhe von über 40 Metern ihre Zeichen weit auf die Nordsee hinaus. Sie
warnen die küstennahe Schiffahrt vor
den gefährlichen Sandbänken, die im
Bereich der Hevermündung liegen
und die schon zahlreichen Seeleuten
zum Verhängnis geworden sind,
wenn sie bei schlechtem Wetter die
Einfahrt in die Hever und damit das
Fahrwasser nach Husum ansteuern
mußten.

Die beiden Wohnhäuser auf der
Leuchtturmwarft erinnern daran, daß
bis zum Jahr 1979 die Wärter, die ihren Arbeitsplatz in luftiger Höhe hatten, mit ihren Familien hier wohnen
mußten. Mit einem Diesel-Aggregat
erzeugten sie ihre eigene Elektrizität.
Erst ein Stromkabel und eine automa-
tische Steuerung der Lampen vom
Festland aus machten ihren Dienst
entbehrlich.

Vom Deich von Westerhever aus geht
der Blick nach Norden hinüber zu
dem ausgedehntesten, dem Süderoog-
sand. Bei guter Sicht erkennt man auf
ihm ein eigenartiges hölzernes Bauwerk. Es ist die Rettungsbake, die ein
eigenes Leuchtfeuer trägt und zugleich hoch über dem Sand einen
Raum bietet, in dem sich Schiffbrü-
chige in Sicherheit bringen können,
und in dem sie alles Notwendige vor-
finden, was sie in ihrer schwierigen
Lage benötigen.

In der tiefen Bucht zwischen Westerhever und Ording liegt einer der jüng-
sten Köge Eiderstedts. Heute heißt er
Tümlauer Koog; bei seiner Einweihung im Jahre 1936 taufte man ihn
auf den Namen von Hermann Gö-
ring. Er ist dem alten Kirchspiel Tating vorgelagert, das jahrhundertelang als Hauptort der Landschaft
Utholm seine Rolle gespielt hat. Erst
als Gericht und Verwaltung mit denen der Landschaft Everschop zusammengefaßt wurden, „dieweil sie
in ihrem begriffenen Lande Eyderstede fast gleichmäßig" – so befand
es das Eiderstedter Landrecht von
1591 –, mußte Tating seine Funktion
an Garding abgeben.

I m Süden von
Utholm, der Eider-
mündung zugewandt, liegt
der Ortsteil Böhl mit
seinem eigenen Badestrand.
Am Rande der Dünen ragt
der Leuchtturm über dem
niedrigen Wald hervor. Die
von Prielen durchzogenen
Flächen des Vorlandes, die
in den „ruhigen" Jahres-
zeiten ein wenig verlassen
wirken können, haben ihre
besondere Bedeutung als
Rastplätze für Vogel-
schwärme. Sie sammeln
hier gerne auf ihren
Wanderungen neue Kräfte.
Zahlreiche Brutvögel
ziehen in diesem Gebiet
ihre Jungen auf.

V or dem Tümlauer Koog am Außendeich herrscht sommerliche Stille. Der Deichfuß geht hier unmittelbar in das Vorland über. Die zuständigen Behörden fördern daher den Anwachs, d.h. das Aufschlicken des Vorlandes, um dem Deich mehr Stabilität zu geben. Wie schnell auch leicht erhöhte Sommerfluten an den Deich kommen, zeigen die drei „Spülsäume" aus Treibsel, Hinterlassenschaften der Nordsee, die sorgfältig abgeräumt werden müssen, damit die Grasnarbe keinen Schaden nimmt.

Die
von der Brandung mit
Wasser und Salz ange-
reicherte, vom Wind
verwirbelte frische Luft ist
ein bewährtes Heilmittel
für Bronchialerkrankun-
gen. Ein Spaziergang an der
Brandungszone zählt daher
in jeder Jahreszeit zu den
wirkungsvollsten Anwen-
dungen, die ein Kurarzt
seinen Patienten verordnen
kann.

I m Vorland der
Deiche – wie hier bei
Westerhever –, wo Wind
und Wasser regieren, gibt es
Stunden völliger Ruhe. Am
frühen Morgen, wenn die
Sonne im Osten über den
Deich steigt und ihre ersten
Strahlen schickt, spiegelt
sich der wolkenlose
Himmel in den Wasser-
flächen, die die letzte Flut
hinterlassen hat, und auf
den Watten, die noch nicht
abgetrocknet sind. Weit
draußen vor den Sand-
bänken ziehen die
Krabbenfischer mit ihren
Kuttern ihre Bahnen.

V om Nor-
derdeich geht der Blick
hinüber nach Ording. Die
vielen neuen Hausdächer
zeigen an, daß sich das Bad
St. Peter-Ording in den
letzten Jahrzehnten
vergrößert hat. Die
reetbestandenen Wasser-
flächen im Vordergrund
erinnern daran, daß der
Mensch zu allen Zeiten
Mühe gehabt hat, in der
Marsch das Baumaterial zu
gewinnen, das er für den
Deichbau benötigte. Oft
mußten zu solchem Zweck
Flächen hinter den neuen
Deichen abgetragen
werden. Heute sind sie
vielfach wertvoller
Lebensraum für Küsten-
vögel.

Betrachtet man die alten Landkarten der Dreilande, so ist das Bild eines Chronisten aus dem 17. Jahrhundert vom mittleren Teil der heutigen Halbinsel Eiderstedt nicht abwegig: Er sieht die alten Kirchspiele von Everschop aufgereiht am „Fluß Hever gelegen": Uelvesbüll, Osterhever, Poppenbüll und Garding. Tetenbüll und Katharinenheerd, die auch zu Everschop zählen, befinden sich bei dieser Sichtweise im Hinterland, dem die vorgelagerten Orte Sicherheit vor den Tücken des flutgefährdeten Heverstromes boten. Dieser berührt bis heute Everschop im Norden als der große Wattstrom, der sich bei einer der schwersten Sturmfluten, die unsere Küste je getroffen hat, der „Groten Manndränke" im Jahre 1362, sein Bett gegraben und so Schiffsverkehr bis nach Husum möglich gemacht hat. Im Westen trennte ein Arm dieses Stromes – die Süderhever – Everschop und Utholm.

Mittelpunkt und Hauptort der Everschop-Harde war und ist Garding, das am gleichen Tage wie Tönning, nämlich am 12. Oktober 1590, seine Stadtrechte bekam. Herzog Johann Adolf von Schleswig-Holstein-Gottorf zog mit dieser Verleihung den Schlußstrich unter eine Jahrhunderte währende Entwicklung, die Garding von einer auf der sandigen Nehrung, dem „Gardesand", gelegenen Siedlung zum zentralen Ort für die Harde, später dann für den ganzen Westerteil der Halbinsel gemacht hatte. Garding war auch längst zum Marktort mit einem festen Tag für den Wochenmarkt – dem Dienstag – geworden, den der Landesherr im Stadtrecht ausdrücklich bestätigte. Als wenig später auf Geheiß des Herzogs die

„Bootfahrten" gegraben wurden, erhielt Garding sogar eine Wasserverbindung und damit einen Transportweg für Massengüter aus dem Binnenland an die Eider (dort lag der Sielhafen Katingsiel) und somit in die Nordsee. Der kleine Gardinger Hafen am südlichen Rande der Stadt konnte als Binnenhafen zwar zu keiner Zeit in Konkurrenz zum Tönninger Hafen treten, dennoch hat er fast dreihundert Jahre lang seinen Zwecken gedient. Beide Städte der Halbinsel

haben zeit ihres Bestehens ihren festen Platz im Wirtschaftsleben gehabt, ohne daß ihre Bürger sich gegenseitig große Konkurrenz gemacht haben, denn die Landschaft brauchte diese beiden Zentren. In manchen Dingen ließ sich sogar teilen; so blieb Garding bis heute das „geistliche Haupt" der ganzen Halbinsel, näm-

den, „was logisch und historisch dem gewissenhaften Forscher als das Richtige erscheint, mit einem Wort zusammengefaßt: die Wahrhaftigkeit". Neben seiner wissenschaftlichen Arbeit widmete sich Theodor Mommsen aber auch dem politischen Geschehen seiner Zeit. Als die Schleswig-Holsteiner sich im März 1848 gegen Friedrich VII. und seine Ratgeber erhoben, stand er seinen Freunden im Lande zur Seite. Später wurde er als Mitglied im Preußischen Abgeordnetenhaus und im Deutschen Reichstag ein Verfechter liberaler Ideen, was ihn zu einer geachteten Stimme im politischen Leben der Hauptstadt Berlin machte.

Nicht ganz so weltbekannt wie der Jurist und Althistoriker, aber für die Eiderstedter von besonderer Bedeutung ist eine Frau aus dem Kirchspiel Katharinenheerd: Martje Flors ist ihr Name. Sie und ihre Tat sind hier so populär, daß der Ober- und Landgerichtsadvokat Peter Wilhelm Cornils sie in der Einleitung zu seinem großen Werk „Die Communalverfassung in der Landschaft Eiderstedt", das er vor 150 Jahren schrieb, dargestellt hat:

„Während der Belagerung Tönnings im Jahre 1700 hatte eine Gesellschaft von feindlichen Offizieren auf einem Hof in Katharinenheerd Wohnung genommen und verfuhr nach Feindes Art nicht eben säuberlich, so daß ihnen bei Tische eher der Gedanke als der Wein ausging. Die Tochter vom Hause, Martje Flors, damals 10 Jahre alt, sah dem Treiben der Fremden und der Trübsal der Eltern mit Unwillen und Bedauern zu, als sie von den übermütigen Gästen aufgefordert wurde, auch eine Gesundheit auszubringen. Dies tat sie auf eine Weise, welche ihr Andenken bis jetzt erhalten hat. Unter ‚Martje Floris Gesundheit' nämlich, ohne welche sich in

lich Amtssitz des Propstes und leitenden Geistlichen des Kirchenkreises Eiderstedt, während Tönning die weltliche Oberaufsicht beherbergte.

Während der schweren Sturmflut in der Nacht vom 16. zum 17. Februar 1962 erlebte die Landschaft Eiderstedt einen Deichbruch. Der Uelvesbüller Koog wurde überflutet. Menschen und Tiere konnten jedoch rechtzeitig in Sicherheit gebracht werden.

Mit einer Bronze im Stadtpark, einer Gedenktafel am ehemaligen Diakonat und dem „Theodor-Mommsen-Gedächtnis" am Markt erinnert Garding nicht ohne Stolz an seinen berühmtesten Sohn und Ehrenbürger der Stadt. Hier wurde am 30. November 1817 der erste deutsche Nobelpreisträger für Literatur, Theodor Mommsen, geboren. Er war Jurist und Historiker, der sich eingehend mit dem Römischen Reich auseinandergesetzt hat, immer bestrebt zu fin-

Eiderstedt beim sinnig-frohen Mahle Gast und Wirt selten trennen, wird der von ihr damals ausgebrachte Trinkspruch verstanden: ‚Et gah uns wohl up unse olen Dage!'" – „es geh uns wohl im Alter! –." Wiederholt haben sich Poeten dieser Geschichte angenommen und sie in Verse gegossen, und seit zu einem dieser Gedichte schließlich ein Gardinger Stadtmusikus eine Melodie gesetzt hat, haben die Eiderstedter so etwas wie eine Landeshymne. Wer würde da nicht freudig einstimmen, wenn er im Text die Strophe findet:

„Laßt Euch nur durch die Politik die Freude nicht verderben. Genießt den flücht'gen Augenblick, was Recht ist, wird Recht bleiben.

Herr Wirt, nun rasch die Gläser voll, kommt, Freunde, laßt die Klage, stimmt freudig ein: Et gah uns wohl up unse olen Dage!"

Mitten in Everschop, im Kirchspiel Poppenbüll, liegt der St.-Johannis-Koog, der nach älteren Überlieferungen zu den ersten Kögen auf der Halbinsel zählt. Im Jahre 987 soll er bedeicht worden sein, und folglich wurde bereits das 1.000jährige Bestehen gefeiert. Indessen wurden von den Wissenschaftlern Bedenken gegen ein so frühes Datum angemeldet, und die Archäologen haben Ausgrabungen unternommen und versucht, Aufschluß über die Siedlungsgeschichte dieses Teiles der Halbinsel zu gewinnen. Das Ergebnis ihrer bisherigen Arbeiten lautet: Wahrscheinlich wurde der erste Deichbau erst im 11./12. Jahrhundert vorgenommen. In den folgenden Zeiten waren – entsprechend dem ständig steigenden Wasserstand der Nordsee – immer wieder Deicherhöhungen erforderlich. Klar erwiesen ist aber auch, daß vor den ersten Deichbauten in diesem Bereich schon große Warften aufgeworfen wurden, wie die heute in der Landschaft gut auszumachenden von

Helmfleth und Hundorf. Demnach dürfte das Land vor der Bedeichung ein ähnliches Bild wie die heutigen Halligen geboten haben. Je höher dann die Deiche gebaut wurden, desto mehr entzog man das Land dem Einfluß des Salzwassers, und so entstand aus der Naturlandschaft unter der Hand des Menschen allmählich eine Kulturlandschaft.

Doch so gut die Menschen an der Küste ihre Deiche bauten und je höher sie diese aufwarfen, absolute Sicherheit vor dem Wasser konnten sie nie erreichen, und auch heute wird niemand behaupten, daß nicht bei einer Sturmflut ein Deichbruch möglich ist. Als die größte Flutkatastrophe ist im Lande die Burchardi-Flut vom 11./12. Oktober 1634 in der Erinnerung lebendig geblieben. „In der Nacht ist die erschreckliche, Grimmige und in aller Welt bekante hohe Wasserfluth über Eyderstett, Everschop und Utholm, und alle Marschländer und Städte ergangen (...). Umb 8 und 9 Uhren waren alle Teiche schon zerschlagen, eingerißen, und abgeworffen. Die Luft war voller Fewer, der gantze Himmel brennete, und Gott der Herr ließ Regenen, Hageln, blitzemen, Donnern und den Windt so krefftig Wehen, daß die grundfeste der Erden sich bewegeten, und man nicht anders wißen konnte, alß daß Himmel und Erde, in einander fallen wurde, und der jünste Tag obhanden were. Umb 10. Uhren war alles geschehen", so schildert der Zeitgenosse Peter Sax die verheerende Flut. Die Bilanz der Katastrophe lautete: 2.107 Menschenleben waren in den Dreilanden zu beklagen; 664 Häuser waren zerstört; 12.802 Stück Vieh waren ertrunken.

In unmittelbarer Nachbarschaft des Kirchspiels Uelvesbüll vollzog sich eine Auseinandersetzung der Menschen mit der Natur, in der Mißerfolg und Rückzug weit häufiger waren als Erfolge: In der ehemaligen Lundenbergharde, die einst zum großen alten Strand gehört hatte, zwangen Sturmfluten die Einwohner, ihre ertragreichen Ländereien mitsamt ihren Behausungen und ihren Kirchen aufzugeben. Während am südlichen Rand der Harde die Nordereider nach und nach mit dem Dammkoog, der die

Halbinsel an das Festland anschloß, und im Jahre 1579 schließlich mit dem Adolfskoog zugedeicht werden konnte, ging das Gebiet nördlich mit drei Gemeinden verloren. Zu Beginn des 18. Jahrhunderts hatte die Nordsee ihr Zerstörungswerk beendet, und erst eineinhalb Jahrhunderte später gelang es, mit dem Simonsberger Koog einen Teil der alten Harde zu-

Nachdem die Wassermassen wieder abgelaufen waren, wurde das ganze Ausmaß der Schäden am Deich sichtbar. An der Bruchstelle hatte das hereinstürzende Wasser ein tiefes Loch gewühlt und eine neue „Wehle" entstehen lassen.

rückzugewinnen. Am Rande des Lundenberger Gebietes, am Porrendeich, liegen noch die tiefen Wehlen, die das Wasser bei Deichbrüchen ausgekolkt hat. Was sich heute dem Wanderer als

Idylle und dem Angler als idealer Platz für sein Hobby zeigt, was jahrzehntelang den bekannten Maler Albert Johannsen immer wieder verlockte, seine Staffelei aufzustellen, ist in Wahrheit das Denkmal für eine ganze Reihe von Katastrophen.

Hier, in unmittelbarer Nachbarschaft des Heverstromes, mußten auch die Deichbauer unserer Tage erfahren, welche Wachsamkeit gegenüber der See geboten ist. Während der großen Februar-Flut des Jahres 1962 brach der verhältnismäßig junge Deich vor

dem Uelvesbüller Koog. Menschen und Tiere konnten rechtzeitig in Sicherheit gebracht werden, und die Schäden hielten sich, abgesehen von den Zerstörungen am Deich, in Grenzen, aber der „Blanke Hans" hatte doch wieder einmal neue Maßstäbe gesetzt. Der „Generalplan Küste", in dem alle notwendigen Küstenschutzmaßnahmen und ihre Rangfolge festgelegt worden waren, mußte auch für Eiderstedt an manchen Stellen berichtigt werden. Deicherhöhungen und -verstärkungen mußten in einem Ausmaß vorgesehen werden, wie man es bisher nicht angenommen hatte. Ja, über längere Strecken hin mußten die Deiche und die zu ihnen gehörenden Anlagen gänzlich neu gebaut werden. Ein eindrucksvolles Beispiel hierfür bietet die Landschaft Everschop mit dem Jordfleeter Koog und dem Everschop-Siel, wo sich mit dem Speicherbecken und dem alten Siel von Tetenbüllspieker die Probleme der Entwässerung des Marschenlandes studieren lassen, Probleme, die seit den ersten Deichbauten genauso bedeutend waren wie die Abwehr der Gefahren, die von Sturmfluten drohten.

Wenn wir heute die Verantwortlichen, die Mitarbeiter der Deich- und Hauptsielverbände, die Deichgrafen oder den Oberdeichgrafen befragen würden, alle würden gern und mit vollem Ernst bestätigen, was einer der bedeutendsten Chronisten Nordfrieslands – Anton Heimreich – vor mehr als dreihundert Jahren festgestellt hat: „So diese Nordfriesen in ihren Häusern und auf ihren Ländereien ohne Gefahr wohnen wollen, werden dieselben allein alsdann ihre Deicharbeit endigen können, wenn dermaleinst alle Dinge werden ein Ende gewinnen."

D
er
Bauer auf der Halbinsel
Eiderstedt benötigte für
seine Zwecke ein großes
Haus, für die „kleinen
Leute", für die Handwerker
und Tagelöhner, genügte in
der Regel ein kleines
Anwesen, das, außer für die
Familie, bestenfalls für
Kuh, Schwein und Feder-
vieh den nötigen Raum bot.
In bescheidenen Maßen,
aber solide und wohl-
proportioniert in Rotstein
gemauert, mit einem Dach
aus dem heimischen Reet –
so entstanden die Katen auf
einem Stück eigenen
Bodens. Beliebte Bauplätze
fanden sich auf oder im
Schutz von Mitteldeichen
oder „Schlafdeichen", die
ihre Rolle als Seedeiche
verloren hatten.

I n der Landschaft Eiderstedt gehörte die Kirche und der Friedhof als Gerichtsort zum Ortskern. Nach altem Eiderstedter Recht war der Friedhof, auf dem Gerichtsfrieden herrschte, der Platz für das Kirchspielrecht, also für die niederen Rechtsfälle. Auch der Kirchspielkrug, der die Rolle eines Rathauses erfüllen konnte, und der Laden für „Gemischtwaren" gehörten dazu. Ein Kaufmann mußte zur Versorgung der Menschen tunlichst alles vorrätig haben, was der eigene Hof nicht bieten konnte. Dank der Tatsache, daß er schon früh unter Denkmalschutz gestellt wurde, hat der Laden im Hause Peters in Tetenbüll der „Modernisierung" widerstanden; er zeigt dem Besucher, wie solche Läden allerorts ausgesehen haben.

I n der Land-
schaft hinter manchem
alten Deich liegen noch
Wehlen, die uns als
besonders idyllische Plätze
erscheinen. Wer sieht ihnen
heute an, daß sie durch
Katastrophen entstanden
sind? Wenn die Sturmflut
ein Loch in einen Seedeich
riß, stürzten die Wasser-
massen mit solcher Wucht
in den Koog, daß sie tiefe
Löcher auskolkten, die sich
mit Wasser füllten und
häufig nicht mehr
zugeschüttet werden
konnten, sondern von
einem neuen Deich
umgangen werden mußten.

Auf die alten Kirchspiele der Harde Eiderstedt mit Ausnahme Kotzenbülls trifft zu, was der Chronist von diesem Teil unserer Halbinsel sagt: Sie sind am Fluß Eider gelegen, wenn auch mit einer kurzen Deichstrecke. Die Eider hat die Entwicklung der Küste entscheidend beeinflußt und den Menschen, die hier lebten, immer neue Schwierigkeiten bereitet. Das gilt nicht nur für die Eiderstedter, sondern auch für ihre Nachbarn im Süden, die Dithmarscher, und für die Stapelholmer, die sich weiter landeinwärts, nur scheinbar sicherer vor den Gefahren der Nordsee, niedergelassen haben. Wer heute den Lauf der Eider innerhalb der hohen Deiche zwischen Friedrichstadt und Rendsburg mit einem Ausflugsdampfer befährt, benötigt erhebliche Phantasie, wenn er sich vorstellen soll, daß dieses Gebiet voll dem Einfluß der Tide und damit auch den Sturmfluten ausgesetzt gewesen ist.

Und doch ist erst ein gutes halbes Jahrhundert vergangen, seit die Wasserbauer energisch eingegriffen haben, um dem Fluß, der inzwischen bei Rendsburg einen Tidehub von 1,80 m erreicht hatte, wenigstens einen Teil seines Gebietes zu entziehen. In den Jahren 1934 bis 1936 entstand etwas oberhalb von Friedrichstadt bei Nordfeld die Eiderabdämmung, und damit sollte nun die 78 km lange Flußstrecke bis hinauf nach Rendsburg mit den anliegenden niedrigen Ländereien ein für allemal gesichert sein. Doch auch hier mußte man wieder erfahren, daß mit des Geschickes Mächten – und besonders mit der Macht der Nordsee – „kein ew'ger Bund zu flechten" ist. Sehr bald begann der Fluß unterhalb der Absperrung zu versanden, und die Schiffahrt wurde stark behindert. Vor allem aber konnte die Eider das Oberflä-

chenwasser nicht mehr auf natürliche Weise in die Nordsee ableiten. Als dann die Sturmflut des Jahres 1962 auch noch erkennen ließ, daß die Deiche am Unterlauf der Eider keineswegs den zu erwartenden Wasserständen gewachsen sein würden, war Handeln geboten. Nach eingehenden Untersuchungen fiel der Beschluß, mit einer gigantischen Anstrengung alle Eider-Probleme anzupacken.

Das Mittel hierzu sollte das Eider-Sperrwerk sein, das mit einer Länge von fünf Kilometern zwischen Dithmarschen und der Gemeinde Vollerwiek in Eiderstedt sowohl die Schifffahrt und die Vorflut (Ableitung des Binnenwassers) sichern als auch künftige Sturmfluten abwehren sollte. Sechs Jahre lang, von 1967 bis 1973, wurde mitten in der Eidermündung gebaut, dann konnte das Sperrwerk eingeweiht werden, von dem man hoffte, daß es für lange Zeit alle bisher bekannten Probleme meistern, Landflächen für den Naturschutz, für den Fremdenverkehr und auch für die Landwirtschaft zur Verfügung stellen werde. Die Fischer, die von Tönning aus auf Krabbenfang gegangen waren, erhielten neue Liegeplätze näher an ihren Fanggebieten. Mit dem Straßentunnel oberhalb der großen Sieltore entstand eine neue Straßenverbindung zum westlichen Teil und damit zu den Kurorten der Halbinsel Eiderstedt.

Kein Verantwortlicher, kein Wissenschaftler, kein Ingenieur war vor zwanzig Jahren so vermessen zu behaupten, daß nun die Eider-Probleme erledigt seien. Sie alle wußten und wissen auch heute, daß sich die Nordsee nicht in die Karten gucken läßt, und daß die ungeheuren Kräfte, die sie im Küstenraum entfaltet, weiterhin ständige Aufmerksamkeit erfordern und auch immer wieder neue Maßnahmen verlangen werden.

An der Ostgrenze der alten Harde Eiderstedt liegt Koldenbüttel. Die Gemeinde war zu allen Zeiten das wichtigste Eingangstor in die Landschaft. Vom angrenzenden Friedrichstadt her kam der Weg aus Stapelholm, über die Eider bei Saxfähre der Weg aus Dithmarschen, einst Ein- und Ausfuhrplatz und Zollstelle. Im Jahre 1916 konnte die Straßenbrücke

bei Friedrichstadt in Betrieb genommen werden, und erst 1975 folgte die Eiderquerung bei Tönning. Aber über die alten Wege kamen nicht nur die gern gesehenen Besucher der Halbinsel, sondern auch solche, die man lieber in weiter Ferne gewußt hätte. Im Mittelalter gab es eine lange Reihe von Fehden mit den Dithmarschern, und im Dreißigjährigen Krieg drangsalierten die Truppen Wallensteins unter ihrem Oberst Cerboni die Koldenbüttler derart, daß der Chronist dazu anmerkt: „Unter allen Caspelln (Kirchspielen) aber im gantzen Lande ist kein höher beschweret und mehr verdorben worden alße Coldenbüttel."

Der dies als Zeitzeuge geschrieben hat, ist der berühmteste Bürger dieser Gemeinde, Peter Sax. Er wurde zwar im Jahre 1597 in Evensbüll auf der alten Insel Strand, die 1634 untergegangen ist, geboren, lebte und wirkte jedoch nach Schulbesuch und juristischem Studium seit 1621 in Koldenbüttel. Als Ratmann und später als Erster Ratmann im Landgericht gehörte er zu den führenden Persönlichkeiten der Landschaft. Als Chronist hat Sax alle für ihn erreichbaren Nachrichten über Eiderstedt und die angrenzenden Gebiete im Norden und Süden gesammelt und zusammengestellt. Wenngleich ihm die Methoden einer kritisch-historischen Forschung noch fremd waren, ist er doch mit seinen Aufzeichnungen zu unserem wichtigsten Gewährsmann für die ältere Geschichte Eiderstedts geworden. Viel benutzt und häufig in Teilen abgeschrieben, ist sein Gesamtwerk erst in den Jahren 1983 bis 1988 im Druck erschienen.

Solange uns Quellen über die alte Harde an der Eider berichten, die sie auch „Tunninghen haeret" nennen, wird Tönning als der zentrale Ort bezeichnet. Handel, Verwaltung und Rechtsprechung hatten hier ihren Platz. Erst im Jahre 1970, als der Kreis Eiderstedt mit den damaligen

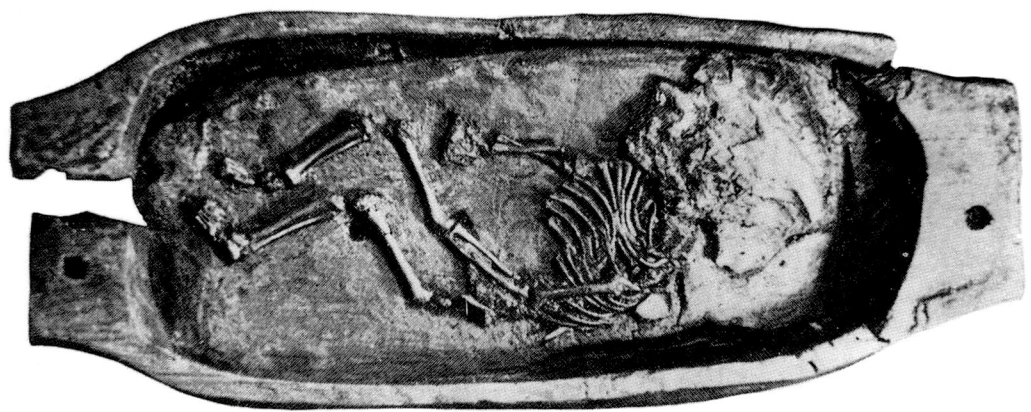

Kreisen Husum und Südtondern, mit Friedrichstadt, Seeth und Drage zum neuen Kreis Nordfriesland zusammengeschlossen wurde, verlor die Stadt ihre uralte Funktion. Ausgleichszahlungen durch das Land und die spätere Einrichtung des Landesamtes für den Nationalpark konnten keinen Ersatz für den Verlust des Status der Kreisstadt leisten. Auch die Eingliederung der Kirchspiele Tönning und Kating in das Stadtgebiet und die damit verbundene Verschiebung der Stadtgrenze bis hin an den Eiderdamm waren kein Ausgleich.

Das flächenmäßig größte Kirchspiel war und ist Oldenswort, das – wenn man der Überlieferung folgen darf – beinahe auch im Jahre 1590 Stadtrechte erhalten hätte. Doch Herzog Adolf genügten wohl zwei Städte auf seiner kleinen Halbinsel. Vielleicht hat er auch dem Beamten, der ihm die Vorschläge unterbreitet haben soll, soviel „Fürsorge" für die Gemeinde, in der dessen eigener Besitz lag, nicht abgenommen. Diesen Beamten, den Fürstlichen Rat Caspar Hoyer, hatte Herzog Adolf im Jahre 1578 als „Staller", also als Statthalter, nach Eiderstedt entsandt, wo er „durch seine Fürsichtigkeit, getrewen Fleiß und Arbeit, auch Führstreckung seines baren Geldes" viel für das ihm anvertraute Land getan hat. In seine Amtszeit, die bis 1594 währte, fallen so wichtige Vorgänge wie der Bau des herzoglichen Schlosses in Tönning,

Auf der Warft Tofting fand Albert Bantelmann während seiner umfangreichen Ausgrabungen unter der Kleisodendiele eines Hauses aus dem 2. Jahrhundert n. Chr. eine hölzerne Hängewiege mit den sterblichen Überresten eines Kleinkindes.

die Überarbeitung des Eiderstedter Landrechts und der Eiderstedter Deichordnung sowie der Bau und die Instandsetzung zahlreicher Wasserbauwerke an den Küsten und Wasserläufen.

Caspar Hoyer war es auch, der dafür sorgte, daß die Dreilande ihr eigenes geistliches Oberhaupt in Gestalt eines Propstes bekamen. Schließlich gewährte der Herzog der Landschaft das „Stallerprivileg", das die Eiderstedter fortan als ihr fundamentales Vorrecht betrachteten. Es besagte, daß künftig kein Adliger das Amt des Stallers bekleiden, die Landschaft dem Herzog vielmehr jeweils eine geeignete Persönlichkeit vorschlagen solle. Niemals dürfe außerdem eine Instanz zwischen dem Landesherrn und dem Staller eingerichtet werden. Die rastlose Arbeit für die ihm anvertraute Landschaft und ihre Einwohner dankte der Herzog seinem Diener Caspar Hoyer damit, daß er ihm im Kirchspiel Oldenswort einen Hof schenkte und diesen mit allen Rechten eines Adelssitzes ausstattete. Das war ein gänzlich ungewöhnlicher Vorgang, denn Adelsbesitz mit besonderen Rechten hat es in Eiderstedt vorher nicht gegeben; hier gab es auch keine Leibeigenschaft oder Abhängigkeiten, wie sie sich in anderen Teilen der Herzogtümer Schleswig und Holstein durchaus gebildet haben. Eiderstedt blieb ein Land freier Bauern und Bürger; daran änderte sich auch durch Caspar Hoyers besondere Stellung nichts.

In Eiderstedt war man zu allen Zeiten persönlich frei, ob man über Besitz verfügte oder nicht. Nur das Recht – und wir müssen hinzufügen: die Pflicht –, politisch tätig zu sein, in der Gemeinde mitzubestimmen und Verantwortung zu tragen, war an genau

festgelegten, in den einzelnen Kirchspielen unterschiedlich großen Landbesitz gebunden. Und noch eines: Wer als Lehnsmann im Kirchspiel oder als Pfenningmeister die Verantwortung für die Finanzen der Landschaft übernommen hatte, der haftete mit seinem gesamten persönlichen Vermögen für die ordnungsgemäße Amtsführung!

Caspar Hoyer ließ wenige Jahre vor seinem Tode auf seinem Besitz ein stattliches Herrenhaus errichten, das bis heute den Namen Hoyerswort trägt. Wer möchte, kann bei der Besitzerfamilie zugleich „Urlaub auf dem Bauernhof" und „Schloßurlaub" machen. Stalleramt und Herrenhaus gingen von Caspar Hoyer auf dessen Sohn Hermann über. Bekannter als dieser wurde seine Frau, Anna Ovena Hoyer, Dichterin und religiöse Schwärmerin.

Auf dem Weg von Hoyerswort nach Oldenswort führt ein kleiner Abstecher zu einem Gedenkstein, der an die Schlacht auf dem Königskamp im Jahre 1252 erinnert. Damals ist einer der wenigen Versuche eines dänischen Königs – Abel war es – gescheitert, die Friesen stärker an das regierende Haus zu binden und ihre Abgaben zu erhöhen. Abel hat in dieser Auseinandersetzung sein Leben verloren.

Im Dorf, in unmittelbarer Nähe der Kirche, erinnert ein anderer Gedenkstein an einen berühmt gewordenen Sohn der Gemeinde: an Ferdinand Tönnies. Als Sohn eines Hofbesitzers erblickte der spätere Professor für Staatswissenschaften und Begründer der modernen Soziologie im Jahre 1855 in Oldenswort das Licht der Welt. Seine wissenschaftlichen Arbeiten fanden überall Anerkennung, und sein Beitrag zur Entstehung der Deutschen Gesellschaft für Soziologie war maßgebend. Drei Jahre nachdem er seine Stellung an der Universität wegen „unfreundlicher Äußerungen" über den Nationalsozialismus verloren hatte, starb Ferdinand Tönnies 1936 in Kiel.

Die
Eidermündung wird in
ihrer ganzen Breite durch
die Abdämmung zwischen
Hundeknöll auf der
Dithmarscher und Spann-
büllhörn auf der Eider-
stedter Seite abgesperrt.
Mit Hilfe der gigantischen
technischen Anlagen des
Eidersperrwerks hoffte
man, der Schwierigkeiten
Herr zu werden, die dem
Land durch die Kräfte des
Wassers bereitet werden.

C

aspar Hoyer ragt aus der langen Reihe der Staller, die Jahrhunderte hindurch im Namen des jeweiligen Landesherrn Rechtsprechung und Verwaltung in der Landschaft Eiderstedt beaufsichtigten, hervor. Er ließ sich im Kirchspiel Oldenswort sein Herrenhaus Hoyersworth erbauen, das einzige adlige Haus im Lande der freien Bauern. Neben dem Haupthaus, das in Kürze 400 Jahre alt wird, steht seit dem Jahre 1704 ein Haubarg, der als landwirtschaftliches Wirtschaftsgebäude genutzt wird.

Es ist bezeichnend für die Kirchen in Eiderstedt, daß sie fast alle auf Warften errichtet wurden. So erhielten Gotteshaus und Gottesacker einen Platz, der nach der Erfahrung der hier ansässigen Menschen als sicher vor Überflutungen gelten konnte. Der Baukörper der Kirche zu Witzwort läßt erkennen, daß an den Gotteshäusern immer wieder gebaut worden ist, leider nicht immer mit der Sorgfalt, die im Umgang mit alter Bausubstanz geboten gewesen wäre. Hier mußte es im Jahre 1898 ein neuer – neugotischer – Chorraum sein. In ihrem Innern birgt die schlichte Kirche jedoch zahlreiche Schätze, die einen Besuch lohnen.

Die
Farbe des Schlickwatts ist
grau. Erst der Himmel mit
seinem unerschöpflichen
Vorrat an Kolorit läßt es
lebendig werden. Für Segler
ist das Wattenmeer ein
besonders schwieriges
Revier, das mit seinen
Untiefen und Strömungen
mancherlei Tücken birgt
und vom Skipper
besondere Kenntnisse und
Erfahrungen verlangt.

Der Süderdeich bei Vollerwiek mußte nach Vollendung des Eidersperrwerks erhöht werden. Eine Höhe, die bei allen erwarteten Wasserständen ausreichen wird, eine flache Außenböschung, eine ausreichend breite Innenböschung, ein Deckwerk aus schwerem Steinmaterial am Fuße des Deiches und ein asphaltierter Streifen, von dem aus Treibsel entfernt werden kann – alles das muß vorhanden sein, wenn der Deich nach menschlichem Ermessen sicher sein soll.

In einem seiner ersten Briefe „an einen Freund im Hollsteinischen", in denen Friedrich Carl Volckmar 1795 über seine Eiderstedter Eindrücke berichtet, kommt er auf die Kirchen im Lande zu sprechen. Er befindet, daß sie „alle sehr feste und massiv gebauet" und „inwendig zum Theil mit einer für die damaligen Zeiten bedeutenden Pracht und Kostbarkeit ausgezieret" seien. Als aufgeklärter Geist hat er allerdings zu nörgeln. Es mißfällt ihm, daß man „in alter Zeit", als die Kirchen gebaut und ausgestattet wurden, es „noch für ein sehr verdienstliches Werk hielt, auf Gotteshäuser einen guten Teil des Wohlstandes zu verwenden (…). Da wir in unseren Zeiten jene ehemalige Bauart und ihre Verzierungen nicht mehr schön finden, so haben auch die Kirchen selbst wenig Gefallendes". Ein bißchen weniger voreingenommen, hätte der Schreiber, der sich im übrigen durchaus als ein kluger Beobachter ausweist, manches anders sehen müssen. Zuerst fällt die Zahl der Kirchen in der Landschaft auf; mit 18 alten Gotteshäusern und zwei neuen (katholischen) in Tönning und St. Peter wird Eiderstedt zu Recht das „Land der Kirchen" genannt. Der Kreis Eiderstedt besitzt in Schleswig-Holstein die meisten Kirchen, und der aufmerksame Beobachter wird entdecken, daß er, ganz gleich welchen Standpunkt er auf der Halbinsel einnimmt, bei guter Sicht immer mehrere Gotteshäuser ausmachen kann. Der Hauptgrund für diese Vielzahl ist in den geogra-

Einer der berühmtesten Maler des Barock in Schleswig-Holstein, Jürgen Ovens (geboren 1623 in Tönning, gestorben 1678 in Friedrichstadt), schuf das Gemälde „Die Heilige Familie", das im Jahre 1691, in einen vergoldeten Akanthusrahmen gefaßt, der Kirche zu Tönning zum Geschenk gemacht wurde. Die beiden Medaillons zeigen ein Selbstbildnis des Jürgen Ovens (um 1650) und ein Porträt seiner Frau Maria.

phischen Gegebenheiten zu suchen. Als sie entstanden – durchweg im 12. Jahrhundert – , da trennten noch zahlreiche Wasserläufe die Siedlungen voneinander, und die Deiche, die schon gebaut worden waren, umschlossen nur kleine Gebiete. Kleiwege waren in regenreichen Zeiten so gut wie unpassierbar. Alle äußeren Umstände drängten die Menschen also dazu, verhältnismäßig kleine politische und kirchliche Zusammenschlüsse zu bilden. Nur so konnte ein Gotteshaus, zu dem selbstverständlich auch der Friedhof gehörte, in erreichbarer Nähe von Haus und Hof liegen. Daß man solide baute, auch wenn die umgebende Landschaft keinerlei Baumaterialien liefern konnte, verlangte die Natur, denn die Gotteshäuser sollten Sturm und Wasser trotzen und, wenn nötig, Schutz gegen diese Mächte oder gegen Feinde bieten.

Übermut und Verschwendungssucht werden bei den Gründern der Gemeinden kaum eine Rolle gespielt haben, hatten sie doch vielmehr ständig um ihre Existenz zu ringen. Anders mag es viele Generationen später gewesen sein, als die Landwirtschaft und mit ihr Handel und Wandel blühten, als die Halbinsel ihr oft besungenes goldenes Zeitalter erlebte. Damals sind zwar keine neuen Kirchen

gebaut worden, aber es ist im Jahrhundert nach der Einführung der Reformation manches wertvolle Ausstattungsstück in die Gotteshäuser gelangt. Ob damit eine gewisse „Wiedergutmachung" für die „Bilderstürmerei" der Väter beabsichtigt war, ist uns nicht überliefert. Eine besonders ausgeprägte Frömmigkeit war jedenfalls kaum Grund für die vielen Kirchen und ihre reichen Ausstattungen. Eher wird das gegolten haben, was viel später, um die Mitte des 19. Jahrhunderts, der Propst Friedrich Feddersen feststellte: „Der Eiderstedter, wenn auch nicht gottlos oder frivol, ist doch im allgemeinen nicht kirchlich-fromm und gottesfürchtig zu nennen." Aber ohne daß der Glaube die Menschen durch die Zeiten geleitet hätte, wären wohl weder die Kirchen noch ihre Schätze zu verstehen. Zu bedenken ist auch, daß hierzulande weder die Landesherren noch reiche adlige Patronatsherren für die Gotteshäuser gesorgt haben, sondern die Verantwortung immer allein bei den freien Bauern lag.

Am Anfang der Baugeschichte stehen die Kirchen von Tönning, Garding und Tating. Sie sind als die Hauptkirchen für die drei Harden zu Beginn des 12. Jahrhunderts erbaut worden; ihnen folgten weitere innerhalb verhältnismäßig kurzer Zeit, wenn auch nicht gleich aus Stein errichtet, sondern in Form hölzerner Kapellen. Der Reichtum der Eiderstedter Kirchen erschließt sich nur dem, der sich die Zeit nimmt, sie alle zu besuchen und in Ruhe ihre Lage, ihre Friedhöfe, ihre Bauten und künstlerische Ausgestaltung zu betrachten. Jede einzelne hat ihre eigene Geschichte und ihre Besonderheiten. Einer großen gemeinschaftlichen Anstrengung der Gemeinden, der kirchlichen Verwaltung und der Denkmalpflege verdanken wir es, daß sich uns heute alle Gotteshäuser in einem guten Zustand zeigen. Dabei erledigte man nicht allein die Arbeiten, die in regelmäßigen Abständen anfallen, will man alte Bausubstanz nicht dem Verfall preisgeben. Hier wurde darüber hinaus in mühsamer Kleinarbeit nach altem Bestand geforscht und – war man erfolgreich – dieser auch soweit wie möglich wiederhergestellt. Als herausragendes Beispiel hierfür müssen die einzigartigen Malereien im Chor der Kirche von Oldenswort erwähnt werden. Sie stammen aus der Zeit um 1500 und zeigen Blumen, Ranken, die Symbole der vier Evangelisten und in fünf Medaillons über dem Altar Christus, Maria, Petrus, Johannes den Täufer und (vermutlich) Paulus. Erst 1983 wurden sie freigelegt. Sie gehörten wohl eines Tages zu dem, was unser eingangs zitierter Gewährsmann als „nicht mehr schön" bezeichnet hat, und waren dann kurzerhand übermalt worden. Mit ihren Arbeiten zur Wiederentdeckung und Wiederherstellung des alten Bestandes haben die Restauratoren also gleichsam eine Brücke zu den Künstlern und ihren Auftraggebern geschlagen, die vor dreihundert Jahren und früher gewirkt haben.

Heutige Vermutungen gehen dahin, daß die erste Steinkirche auf Eiderstedter Boden in Tönning entstanden ist. Romanische Bauelemente lassen sich ohne Mühe erkennen, wenn sie auch viel weniger ins Auge fallen als

Die Kirchen auf der Halbinsel Eiderstedt sind nicht nur zahlreich und stattlich gebaut, sie bergen auch viele Schätze, die Künstler und Kunsthandwerker der verschiedenen Epochen gefertigt haben. Die Gemeinde Kating hütet einen Abendmahlskelch aus vergoldetem Silber, der bereits um 1300 entstanden ist. Vier Bilder auf dem Fuß des Kelches stellen die Verkündigung, die Geburt Jesu, seine Geißelung und seine Kreuzigung dar.

der über 60 Meter hohe Turm, dessen im Jahre 1706 fertiggestellter barocker Helm weit hinein in die Landschaft grüßt. Mit Stolz verweisen die Tönninger noch heute darauf, daß er der höchste im ganzen Landesteil Schleswig war, bevor 1894 auf kaiserliches Geheiß dem Dom zu Schleswig ein noch höherer – ob auch schönerer? – angebaut wurde. Zur gleichen Zeit wie der Turm wurde auch das heutige Innere von St. Laurentius geschaffen, das während der Belagerung durch die Dänen unter Friedrich IV. im Jahre 1700 schwer gelitten hatte. Damals entstanden das prächtig ausgemalte hölzerne Tonnengewölbe und die reichgeschnitzte barocke Kanzel. Aber nicht die gesamte Ausstattung entstammt dieser Zeit. Seit 1691 wurde das Gotteshaus von seinem künstlerisch bedeutendsten Schatz geschmückt: dem Epitaph mit dem Bild der heiligen Familie von Jürgen Ovens, dem in Tönning geborenen Rembrandt-Schüler. Die Kinder des Künstlers und seine Frau Marie haben das Bild der Kirche vermacht und die vom Vater geschaffenen Porträts hinzugefügt. Älter sind auch das Triumphkreuz, der Taufstein, die Abendmahlsbänke und der Lettner, der als einziger in Eiderstedt noch aus vorreformatorischer Zeit erhalten geblieben ist.

Ganz anders als die Kirche zu Tönning bietet sich die Hauptkirche von Everschop, St. Christian zu Garding, dar. Wehrhaft und gleichsam unantastbar steht sie auf dem höchsten Punkt der Halbinsel und beherrscht das Bild der kleinen Stadt. Die Besonderheiten dieses Gotteshauses offenbaren sich dem Besucher jedoch erst, wenn er es betreten hat. Er erlebt eine der ganz wenigen zweischiffigen Kirchen in Nordelbien und das einzige Kirchenschiff in Eiderstedt, das noch seine steinernen Gewölbe hat, die von zwei schweren Pfeilern inmitten des Raumes getragen werden. Als weitere Besonderheit erlebt er den Orgelprospekt aus dem Jahre 1512, den ältesten in ganz Norddeutschland. Das Altarbild wurde von einem bedeutenden Maler des 16. Jahrhunderts geschaffen, dem Niederländer Marten van Achten, der als Hofmaler am Hofe zu Gottorf tätig war.

Als dritte Hauptkirche steht in der Landschaft Utholm das Gotteshaus von Tating, St. Magnus. Wer sich dem Dorf nähert und vor seinem Besuch hier schon in Tönning war, wird sofort begreifen, warum der Turm gern „Klein Tönning" genannt wird. Die Ähnlichkeit des Turmhelms mit dem Tönninger ist offensichtlich, wenn auch die Maße kleiner sind. Bunt und lebendig präsentiert das Innere der Kirche seine zahlreichen Ausstattungsstücke, die in ihren ältesten Teilen bis in die Zeit der Gotik zurückreichen. Wer sich mit ihnen beschäftigt, entdeckt interessante Äußerungen der verschiedenen Epochen der Kunstgeschichte, und er begegnet auch mancher interessanten Gestalt aus der Geschichte des Landes.

Was wir hier nur in aller Kürze für die drei Hauptkirchen andeuten können, gilt – wie eingangs angemerkt – für alle 18 alten Gotteshäuser auf der Halbinsel: Keines enttäuscht seine Besucher, jedes macht ihn reicher!

S eit dem
Jahre 1370 steht der
wuchtige Turm von St.
Stephanus auf der hohen
Kirchwarft von Wester-
hever. Seit mehr als sechs
Jahrhunderten hilft er den
Seeleuten, die schwierigen
Gewässer in der Einfahrt
zum Heverstrom unbe-
schadet zu passieren.
Immer wieder ist er
repariert worden, weil man
ihn als unentbehrliches
Seezeichen erhalten wollte.
Das alte Kirchenschiff ist
dagegen im Jahre 1804
einem Neubau gewichen.
Auf der Warft, die heute
das Pastorat trägt, hatten,
der Sage nach, einst
gefährliche Seeräuber, die
„Wogemänner", ihren
Unterschlupf, bis die
versammelten Männer von
Utholm und Everschop
ihnen ihr übles Handwerk
legten.

E ines
der drei wichtigsten
Gotteshäuser auf der Halb-
insel ist St. Christian in der
Stadt Garding, die Haupt-
kirche der alten Harde
Everschop. Erst ein Blick in
das Innere offenbart die
Besonderheiten des
Bauwerks. Zwei kräftige
Pfeiler, mit gut erhaltener
Bemalung verziert, tragen
die schweren Gewölbe,
welche die zwei Schiffe des
Innenraums überspannen.
Der Orgelprospekt aus dem
Jahre 1512 ist der älteste in
ganz Norddeutschland.
Heute hat der Propst des
Kirchenkreises Eiderstedt
in Garding seinen
Dienstsitz.

D ie
Kirche von Koldenbüttel
hatte nie einen steinernen
Turm, sondern ein Geläut
im hölzernen Glocken-
stapel. Am Rande des
Friedhofs steht der prächtig
gemauerte Giebel des
ehemaligen Diakonats aus
dem Jahre 1614. Nur
wenige Schritte von hier
entfernt ruht der berühmte
Eiderstedter Chronist:
„Petrus Sax expectat hic
ressurectionem" – „Peter
Sax erwartet hier die
Auferstehung", wurde im
Jahre 1662 auf seinen
Wunsch hin auf seinen
Stein gemeißelt.

„Die allerbequemsten Gebewde in den Marschen": die Haubarge

Als das „größte Bauernhaus der Erde" ist der Haubarg wiederholt beschrieben und gerühmt worden. Ob zu Recht, das mag dahingestellt bleiben. Richtig ist aber, daß Reisende, die nach Eiderstedt kamen, immer wieder voller Staunen und Bewunderung auf die Größe der hiesigen Bauernhäuser und auf den Reichtum, der in ihnen herrschte, hingewiesen haben.

Haubarge wurden in Eiderstedt seit der zweiten Hälfte des 16. Jahrhunderts gebaut. Außerhalb der Halbinsel fanden sich nur wenige Exemplare. Sie lösten das Langhaus als bäuerliches Wohn- und Wirtschaftsgebäude ab, wie wir es von den Ausgrabungen auf Tofting und auf dem Elisenhof kennen, und wie es in den Marschen, auf Inseln und Halligen Nordfrieslands bis in unser Jahrhundert hinein gebaut worden ist. Der Wechsel von einem bescheidenen Bauernhaustyp zu einem auffallend großen fällt in eine Zeit, von der die Chronik sagt, es sei damals mehr Gold und Silber im Lande gewesen als Kupfer und Eisen, und die Menschen hier hätten ihres Reichtums kein Ende gewußt. Grundlage dieses Reichtums war eine bedeutende Steigerung der Gewinne, die man aus der Landwirtschaft schöpfen konnte.

Der Haubarg ist ein Ein-Haus-Hof. Alle Wohn- und Wirtschaftsräume vereinigt er unter einem Dach. Seine Konstruktion erlaubt es, auf einer fast quadratischen oder einer rechteckigen Fläche ein verhältnismäßig großes Raumvolumen zu gewinnen, ohne daß man mit den in der Marsch knappen Baumaterialien verschwenderisch umgehen muß. Den Kern eines jeden Haubargs bildet der

„Gulf" oder „Vierkant", der von vier kräftigen, senkrecht aufragenden Ständern gebildet wird. Diese tragen die gesamte Holzkonstruktion und das riesige Reetdach. Wo es erforderlich war, erweiterte man den Vierkant auf ein Rechteck mit sechs, acht oder zehn Ständern. Der Vierkant bot Raum, die Ernte unter Dach zu bringen und das Getreide bis zum Dreschen im Trockenen zu lagern. Auch das Heu für das Winterfutter fand hier seinen Platz. Um den Vierkant herum waren zu zwei Seiten die Stallungen („boos" und „peerboos" – Rinderstall und Pferdestall) untergebracht, an der dritten lag die Dreschdiele („loo"). Die vierte Seite – immer die Sonnenseite – nahm die Wohnräume auf.

Eine landesherrliche Kommission, die im Jahre 1650 im Auftrag des Herzogs ein Gutachten fertigte, fand „ordentliche Haubarge alß die allerbequemsten Gebewde in den Marschen, da alles Holtz in trucken stehet, wann nur das Dach unterhalten wirt, fast geringer oder gar keiner reparatur bedürffen und stehet der Bau wegen seines Vierkant, des innerlichen Verbandts, und daß die Wende niedrig seien, also von dem Winde keine Gewalt leiden könne, fest".

Ein Merkmal jedoch ist allen Haubargen eigen: Sie sind Zeugnisse für das feine Gefühl der Handwerker für richtige Proportionen. Selbst wenn ein wohlhabender Bauherr ein größeres oder durch Schmuckmauerwerk, Ziereisen oder aufwendige Türen geschmücktes Bauwerk haben wollte, oder wenn gar ein zweigeschossiger Wohnteil gebaut wurde, immer behielt das Haus seine ausgewogenen Proportionen, so daß es zwar herrschaftlich, aber nie protzig wirkte.

Gab dem Besucher schon das Äußere Grund zum Staunen, so bot ihm auch das Innere eines Haubargs Anlaß zu Verwunderung. Da war nicht nur der Innenraum des Vierkant, der bis hinauf zum First in 15 oder mehr Metern Höhe den Blick freigab. Mehr noch als der Wirtschaftsteil waren die Wohnräume von besonderem Interesse. Der Eingang führte in eine geräumige Diele, von der aus man den Pesel (den – meist nicht beheizbaren – Festraum), die Döns (das Wohn-

zimmer) und die Küche, aber auch die Achterdäl (Hinterdiele) mit den Alkoven (Betten) für das Gesinde erreichte. An Innentüren und Paneelen zeigten die Tischler ihr handwerkliches Können, Maler sorgten nicht nur für Anstriche, sondern auch für Ausmalungen mit Ornamenten und Bildern. Diele und Zimmer nahmen die großen Schränke und Truhen auf, in denen die Hausfrau ihre Mitgift aufbewahrte. Wer heute einen Eindruck von solchen Schätzen gewinnen will, der gehe in das Eiderstedter Heimatmuseum in St. Peter-Ording. Die Gründer dieses Museums haben versucht, anhand von Porzellan, Silber, Möbeln und vielem anderen mehr zu zeigen, was auf den großen Höfen in vergangenen Jahrhunderten gesammelt und gebraucht wurde. Seit der Mitte des 19. Jahrhunderts, als die Eiderstedter besonders durch den Viehhandel mit den Menschen und dem Lebensstil der Städte in Berührung kamen, fand auch bürgerliches Haus- und Wohnungsinventar Eingang in die Haubarge. Da soll es schon vorgekommen sein, daß ein Bauer aus Koldenbüttel Möbel in Berlin einkaufte und den Hinweis des eifrigen Verkäufers, Seine Majestät habe gerade einen Stuhl eines bestimmten Musters bestellt, mit seiner Bestellung: „Denn schick mi man mal veer Stück dorvun nah Koonbüttel!" quittierte.

Über vierhundert Haubarge wurden einst auf der Halbinsel gezählt, und diese Zahl spricht dafür, daß es nicht die Weisung einer landesherrlichen Kommission, sondern die Erfahrung war, die immer wieder neue Haubarge entstehen ließ. Sie haben sich als Wohn- und Wirtschaftsgebäude für die Bauern bewährt.

Bevölkerungsentwicklung, Seuchen und Kriege, Transportmöglichkeiten, aber auch die Nachfrage auf den Märkten haben dazu geführt, daß sich das Schwergewicht der ländlichen Produktion immer wieder verlagert hat. Weidemast, Milchwirtschaft und

Ackerbau waren die drei Produktionsgebiete, denen sich die Bauern mit wechselnder Intensität widmeten. Mit der Weidemast dürfte die Nutzung des Bodens ihren Anfang genommen haben, und sie ist auch bis heute von besonderer Bedeutung geblieben. Bis zum Zweiten Weltkrieg beherrschte die Shorthorn-Rasse, die man lange Zeit mit Rücksicht auf den besonders aufnahmefähigen Markt in England geгräst hatte, die Weiden. Heute bestimmt das schwarzbunte Niederungsvieh das Bild. Statt der Ochsen sieht man meist Bullen, die als Masttiere bevorzugt werden, weil sie schneller „reif" sind. Die Milchwirtschaft war und ist vorwiegend Sache der kleineren und mittleren Familienbetriebe.

In der Gemeinde Witzwort steht der berühmte „Rote Haubarg". Über 400 solcher eindrucksvollen Bauernhäuser wurden einst auf der Halbinsel Eiderstedt gezählt. Der Rote Haubarg birgt unter seinem riesigen Dach (Firsthöhe 17,40 m) eine Sammlung zur Geschichte der Landwirtschaft in Nordfriesland und ein Restaurant.

Ackerbau wurde betrieben, seitdem das Land durch den Deichbau vor Überflutungen gesichert und gleichzeitig ausreichend entwässert werden konnte. Die Entwicklung der modernen Landwirtschaft nach dem Zweiten Weltkrieg, die Mechanisierung der Arbeit und Verringerung des Personals, die neuen Wege der Vermarktung von Getreide und Vieh, haben den Haubarg unpraktisch werden lassen. Für viele Landwirte bedeutete der Besitz eines so großen Gebäudes eine Last, zumal die Kosten für den Unterhalt so weit stiegen, daß sie wirtschaftlich nicht mehr vertretbar waren. So wurde auf manchem Hof versucht, durch Umbauten oder wenigstens durch eine harte Bedachung die Instandhaltungskosten zu senken. Der „rote Hahn" tat ein übriges, den Bestand an Haubargen schnell zu vermindern.

In dieser Situation nahm der Kreis Nordfriesland einen der größten und wohl bekanntesten Haubarg in den Besitz seiner Kulturstiftung: den „Roten Haubarg" in der Gemeinde Witzwort. Der prächtige, von Grund auf restaurierte Haubarg, der heute als Restaurant und Museum dient,

gibt den Besuchern die Möglichkeit, ein Bild von diesem Bauernhaustyp, seinen Maßen und seiner Konstruktion zu gewinnen.

Vergeblich fragt der Besucher, warum denn dieser Haubarg, der sich heute in strahlendem Weiß mit einem graubraunen Reetdach zeigt, der „Rote" heißt. Von allen Erklärungen, die versucht worden sind, dürfte die am ehesten zutreffen, die besagt, der Hof habe in der Zeit, als er der Herzogin Augusta gehörte, ein rotes Pfannendach gehabt. Nur fürstliche Herrschaften konnten sich Dachziegel leisten, die im 17. Jahrhundert teuer und für den Bauern unwirtschaftlich, wenn nicht gar unerschwinglich waren.

Auf jeden Fall ist sicher, daß der Rote Haubarg für die Menschen in Eiderstedt eine besondere Bedeutung gehabt haben muß. Wie anders wäre es zu erklären, daß sich um seine Geschichte so viele Erzählungen ranken. Sogar eine Teufelssage umweht sein Dach: Es ist dies die Sage von dem armen Kätner, der die Tochter des reichen Schmieds nicht zur Frau haben soll. So verschreibt er sich dem Teufel, der ihm verspricht, ihm in einer einzigen Nacht vor dem ersten Hahnenschrei einen stattlichen Hof zu errichten. Voller Verzweiflung entdeckt der junge Mann, daß der Teufel im Morgengrauen das Werk beinahe vollendet hat. In seiner Not wendet er sich an die künftige Schwiegermutter, die den Hahn weckt und zum Krähen bringt und so den Bösen hindert, das letzte, das einhundertste Fenster einzubauen.

Und wunnerlich is dat noch hütigen Dages:
In't hunnertste Finster, dör hölt sik keen Rut.
Dor kann sik die Glaser mit tieren und plagen:
Se flüggt em koppheister ut' Krützholt herut.
Son drolliges Stückchen: dor kann man doch spören:
Noch hütigen Dags geiht die Düwel huseeren.

So dichtete Pastor Lempelius vor 150 Jahren. Die Besucher des Roten Haubargs, die Jahr für Jahr zu Zigtausenden kommen, hat der Teufel bisher jedoch nicht belästigt!

Eines
der Grundelemente auf der
Halbinsel Eiderstedt ist
ohne Frage der Wind. Der
Baumbewuchs rund um die
Dorfkerne herum oder auf
den Warften zeigt die
Hauptwindrichtung an. Die
Nordseite der Warft des
Roten Haubargs ist
unbewachsen. Die weißen
Giebel leuchten über das
vom Wind gezauste Reet
weit in den Adolfskoog
hinaus.

D
er
„Haubarg" ist seit dem
letzten Viertel des 16.
Jahrhunderts das typische
Eiderstedter Bauernhaus.
Er hat den Menschen, dem
Vieh, der Ernte und allem
Gerät unter einem Dach
ausreichend Raum geboten.
Vier, sechs oder acht hoch
aufragende Ständer bilden
sein Grundgerüst.

Ihre saftigen
Weiden bescherten den
Eiderstedter Bauern immer
wieder gute Gewinne. Sie
ermöglichten eine ertrag-
reiche Milchwirtschaft und
ließen auch ausgedehnte
Mast zu. Wo vor einem
Jahrhundert die in England
besonders begehrten Short-
horn-Rinder das Bild
beherrschten, trifft man
heute die unterschiedlich-
sten Rassen an. In der
Mehrzahl sind allerdings
die „Schwarzbunten".

Vor den
Stalltüren auf dem
Holmhof in Poppenbüll
scheint die Zeit still-
zustehen. Die Idylle darf
aber nicht darüber
hinwegtäuschen, daß der
Bauer in der Landschaft
Eiderstedt gegenwärtig die
gleichen Probleme zu lösen
hat wie seine Berufs-
kollegen in anderen Teilen
Deutschlands.

Wer Eiderstedt näher kennenlernen will, wird zunächst einmal belehrt, daß die Landschaft zu Nordfriesland gehört, und daß der im Jahre 1970 gebildete Kreis Nordfriesland das Gebiet von der Insel Sylt bis nach St. Peter-Ording zu einer politischen Einheit zusammenschließt. Und doch sind zahlreiche Unterschiede zwischen den Dreilanden und den anderen Gebieten dieses Gemeinwesens offenkundig. So vermißt man in Eiderstedt die friesische Sprache, denn wir wissen doch, daß es Friesen waren, die in zwei Einwanderungswellen im 8./9. und später im 11. Jahrhundert mit dem ganzen Nordfriesland auch Eiderstedt, Everschop und Utholm in Besitz genommen haben. Während sich auf den Geestinseln und auch in einigen Festlandsharden ihre Sprache bis auf den heutigen Tag lebendig erhalten hat, ist sie auf den Marschinseln Pellworm und Nordstrand und in Eiderstedt längst nur noch in Spuren, wie etwa in Ortsnamen mit den Endungen -ing und -büll oder in einigen wenigen Wörtern zu finden.

Schriftliche Zeugnisse für die friesische Sprache kennen wir aus Eiderstedt nicht. Solange auf der Halbinsel Aufzeichnungen gemacht wurden, bediente man sich der niederdeutschen Sprache: „unse voroldern hebben dith nahbeschreven Recht uns anbeervet van Natiden an (…)", heißt es in der ältesten Gesetzesaufzeichnung, der „Krone der rechten Wahrheit" von 1426. Dem Niederdeutschen folgte im geschriebenen Wort, in amtlichen Dokumenten, in Kirche und Schule die hochdeutsche Sprache. In der zweiten Hälfte des 18. Jahrhunderts ist das Friesische nach der Aussage mehrerer Chronisten als Umgangssprache ausgestorben und

gänzlich dem Niederdeutschen gewichen, das seither in seiner besonderen Eiderstedter Ausprägung lebendig ist. Nun spricht man auch hier gelegentlich von der Gefährdung des Plattdeutschen, trägt den Wunsch seiner Erhaltung sogar in die Parlamente und bis in die europäischen Institutionen hinein. An verantwortlicher Stelle möge man sich um die Bewahrung des Plattdeutschen mühen und es ebenso „pflegen" wie alle anderen Kleinsprachen auf dem Kontinent. „Plegt war'n schall uns' plattdütsch Sprak – is se denn krank?", hat Rudolf Kinau einmal gefragt. Man möchte ihm für Eiderstedt antworten: „Krank is se nich, Rudl, man dat givt

Lüd, de menen, erm Snutenwark is to fein för Platt un' erm Gören kunnen dumm bliven, wenn se Hoch un' Platt lehren doon." Die beste Hilfe dürfte dem Plattdeutschen in Eiderstedt aus dem traditionell gut ausgeprägten Selbstbewußtsein seiner Bewohner und dem Stolz auf ihre Zweisprachigkeit erwachsen. Der Heimatbund Landschaft Eiderstedt arbeitet für das Fortbestehen alter Überlieferungen, und zwar mit Erfolg; seine Sprache ist das Plattdeutsche.

Ein sichtbares Zeichen für die Bemühungen um die Eigenart des Landes ist ohne Frage das Tragen der Eiderstedter Tracht, das anläßlich eines großen Heimatfestes im Jahre 1927 wiederbelebt worden ist. Als Vorbilder für die Schnitte benutzten die Schneider Gemälde in mehreren Kirchen und die Kleidung der „Grauen Frau", einer Sandsteinfigur, die heute ihren Platz im Heimatmuseum hat. Wie so manches andere im Lande entstammt diese Tracht der Zeit des 16./17. Jahrhunderts, in der die Einflüsse aus den Niederlanden stark waren. Die Niederländer standen wiederum in modischen Fragen unter dem Einfluß der Spanier, bei denen Schwarz als besonders vornehm galt. Ob nun die festliche Frauentracht mit ihrer großen Flügelhaube allgemein getragen wurde, oder ob sie in der ohnehin verhältnismäßig kurzen Zeit ihres Daseins nur der Schicht der Wohlhabenden vorbehalten geblieben ist, wissen wir nicht. Aber sie gehört nach Eiderstedt, denn sie ist in dieser Form nur hier nachgewiesen, und daher beanstandet auch niemand, daß sie als „Eiderstedter Tracht" vorgestellt wird.

Die „Graue Frau vom Staatshof", eine fast lebensgroße Sandsteinfigur aus dem 16. Jahrhundert, die heute im Eiderstedter Heimatmuseum in St. Peter-Ording steht, zeigt uns, wie die Tracht ausgesehen hat, die vor 400 Jahren von den Frauen in den Dreilanden getragen wurde. Sie spiegelt ebenso wie die Häuser den Reichtum wider, der damals im Lande herrschte, als die Eiderstedter „mehr Geld und Silber als Messing und Eisen" ihr eigen nannten.

Nicht allein eiderstedtisch ist dagegen ein Spiel, das hier als landestypische Überlieferung gepflegt wird: das Boßeln. Es ist ein Spiel und kein Sport, so betonen die aktiven Boßler gern und nachdrücklich, wenn auch mancher Werfer Leistungen vollbringt, die sportlich beachtlich sind. Die am besten geeignete Jahreszeit ist ein „richtiger" Winter, wenn alle Gräben zugefroren und damit alle Wege querfeldein frei sind. Dann treten zwei an Zahl gleich starke Mannschaften gegeneinander an und werfen die mit Blei gefüllte Holzkugel über eine vorher verabredete Strecke. Wo die Kugel nach einem Wurf ausrollt, dort

„Boßeln" heißt das alte Spiel, das auf der Halbinsel seit Jahrhunderten gepflegt wird. Männer und Frauen werfen die 500 Gramm schwere, mit Blei ausgegossene Holzkugel im Mannschaftswettbewerb. An die 100 m reichen die Rekordwürfe. Als Jahreszeit eignet sich für das Spiel vornehmlich der Winter: Wenn alle Gräben zugefroren sind, kann der Wettkampf querfeldein ausgetragen werden.

legt der „Stocklegger" einen Holzstab nieder und markiert so die Abwurfstelle für den nächsten Werfer. Begleitet werden die Spieler bei den großen Wettkämpfen von einer stattlichen Zahl von Schlachtenbummlern. Der Winter eignet sich auch insofern am besten für das Boßeln, als die anschließende Zusammenkunft im Dorfkrug zum Aufwärmen mit Hilfe von Teepunsch oder Grog und zur Auffrischung der Kräfte mittels eines zünftigen Grünkohlessens besser zu Temperaturen unter dem Gefrierpunkt paßt. Trotzdem ist das Boßeln längst zu einem Spiel geworden, das auch in anderen Jahreszeiten unter Verzicht auf eine „Querfeldein-Bahn" entweder auf der Straße oder auch im „Sand" betrieben wird. Alt und jung, „Mannslüd" und „Fruunslüd" pflegen es heute gleichermaßen; es wird sogar den Gästen als „Gästeboßeln" angeboten. Boßeln ist nicht nur in Eiderstedt heimisch, sondern es wird in den schleswig-holsteinischen Marschen von Husum bis vor die Tore Hamburgs, in Ostfriesland, in den westfriesischen Niederlanden und sogar in Irland gespielt; was hier das Boßeln ist, wird anderswo „Klootscheten" oder „bowl-playing" genannt. Internationale Wettkämpfe,

die Spieler aus drei Nationen zusammenführen, zählen zu den Höhepunkten im Leben der zuständigen Vereine. In Eiderstedt wird mit Sicherheit noch lange „Lüch op" („Heb auf") – der Gruß der Boßler – zu hören sein.

Ein anderer „Sport" für Touristen, das „Klootstockspringen", ist weder Sport noch Spiel. Der Klootstock diente in vergangenen Tagen vielmehr dazu, Gräben zu überwinden, war also ein alltäglicher Gebrauchsgegenstand.

Neben dem Boßeln hat im Jahreslauf in Eiderstedt das Ringreiten seinen festen Platz. Noch vor zwanzig Jahren war der Erhalt dieser Tradition in ernsthafter Gefahr, da der Bestand an Pferden mit der Motorisierung in der Landwirtschaft immer weiter zurückging. Solche Befürchtungen braucht man heute nicht mehr zu hegen, denn es gibt wieder genügend Pferde und Reiter. Für das Ringreiten gilt wie für das Boßeln: Die Jugend übernimmt mit Freude das alte Spiel, und wo früher die Männer unter sich waren, sind Amazonen heute selbstverständlich. So ist man glücklicherweise nicht mehr der rein maskulinen Tradition verpflichtet, die die wissenschaftliche Forschung bis hin zu mittelalterlichen Reiterspielen und sogar zur militärischen Ausbildung im Römischen Kaiserreich zurückverfolgen kann. Hier genügt es, den Brauch von Generation zu Generation weiterzugeben und Freude am Spiel – und am Umgang mit dem Kameraden Pferd – zu haben. Während die Ringreiterfeste der einzelnen Vereine auf Ortsebene gefeiert werden, führt das Landschaftsringreiten einmal im Jahr die Reiter aller Vereine zusammen und erinnert auf diese Weise daran, daß die alte Landschaft Eiderstedt auch heute noch zusammenhält.

Das Eiderstedter Heimat-
museum ist in einem der
letzten alten reetgedeckten
Bauernhäuser gegenüber
der Kirche in St. Peter-Dorf
untergebracht. Es zeigt
zahlreiche wertvolle
Stücke, die aus der
Landschaft zusammen-
getragen worden sind. Ein
für Eiderstedt typisches
Möbel ist „de dresteernte
Lad" – die „dreigesternte
Lade". An der Vorderfront
reich mit Schnitzereien und
Intarsien verziert, barg sie
in ihrem Inneren die
Aussteuer der Braut.

Eine der mit „Bloompotjes" geschmückten Fliesen-wände im Eiderstedter Heimatmuseum zeigt das Bild „De opstanding Christi" – „Christi Auferstehung". Fliesen niederländischer Herkunft, die in den Küstenregionen, auf Inseln und Halligen Nordfrieslands sehr beliebt waren, erinnern an die engen Beziehungen, die in vergangenen Jahrhunderten zwischen den drei Frieslanden bestanden haben.

DE OPSTANDNG CHRISTI.

Schon über 400 Jahre lang darf sich der größte und zu allen Zeiten einwohnerstärkste Ort der Halbinsel Eiderstedt Stadt nennen. Am 12. Oktober 1590 unterzeichnete der Gottorfer Herzog Johann Adolf die Urkunde, mit der er Tönning die Stadtrechte verlieh. Er bestätigte damit die Rolle, die das Gemeinwesen nahe der Eidermündung schon längst spielte: Hier war der wichtigste Umschlagplatz für alle Güter, die über See in das Land ein- oder aus dem Lande ausgeführt wurden. Zum anderen hatten hier Gericht und Verwaltung ihren Sitz, zunächst nur für die Harde Eiderstedt, dann für den Osterteil und schließlich für die ganze Landschaft. Nach dem Erhalt der Stadtrechte sollte sich die Bedeutung Tönnings noch wesentlich ausweiten. Die Stadt wurde im Laufe ihrer Geschichte zeitweise Residenz der Gottorfer Herzöge mit einem prächtigen fürstlichen Schloß, einer für ihre Zeit hochmodernen Festung, Ausgangs- und Endpunkt wichtiger Verkehrswege, Standort einer neuzeitlichen Schiffbauindustrie und schließlich Kreisstadt des preußischen Kreises Eiderstedt.

Alle diese Funktionen haben sich im Stadtbild niedergeschlagen, doch bedarf es der Phantasie des Besuchers, der heute nach Tönning kommt, wenn sie bei einem Spaziergang wieder lebendig werden sollen.

Mittelpunkt der Stadt war und ist der große Marktplatz. Er diente der Abwicklung aller kleineren und größeren Handelsgeschäfte. Wenn in unseren Tagen montags in aller Frühe die Händler in die Stadt kommen und

ihre bunten Stände aufbauen, dann tun sie das so, wie ihre Vorgänger es schon seit Jahrhunderten getan haben. Der Montag wird bereits im Stadtrecht von 1590 als Markttag festgelegt. In unmittelbarer Nähe, nämlich auf dem Friedhof, der die Kirche St. Laurentius umgab, wurde im Mittelalter Recht gesprochen, bis die junge Stadt – jetzt im Besitz der eigenen Gerichtsbarkeit – ein Rathaus auf der Westseite des Marktplatzes erwarb und hier alle Rechtsgeschäfte abwickelte. In einer Nische hoch im Giebel des stattlichen Hauses kündete eine „Justitia" von der richterlichen Gewalt der Stadtoberen. Als um die Mitte des 19. Jahrhunderts das alte Haus durch ein neues ersetzt werden mußte, versäumte man nicht, den Giebel mit dem gleichen Symbol zu krönen. Als man jedoch fünfzig Jahre später wiederum ein neues Rathaus baute, nun auf der gegenüberliegenden Seite des Platzes, und das bisherige dem Landkreis als Verwaltungssitz verkaufte, da bedurfte es des Symbols für Recht und Gerechtigkeit auf dem Rathaus nicht mehr. Die Rechtsprechung war mittlerweile von der Verwaltung getrennt und den Gerichten – in unserem Falle dem Amtsgericht – übertragen worden.

Vom Marktplatz aus entwickelt sich unregelmäßig nach Norden, Osten und Süden das Straßennetz der Stadt, das bis heute in seiner ursprünglichen Form erhalten geblieben ist und das bis in die zweite Hälfte des 19. Jahrhunderts hinein kaum erweitert werden mußte. Erst moderne Entwicklungen, besonders die Werftblüte vor dem Ersten und die Baulust nach dem Zweiten Weltkrieg, brachten in mehreren Schüben eine Ausweitung der Stadt mit sich.

Der stattliche Baumbestand im Süden des Marktes jenseits der Norder-Bootfahrt bezeichnet den Platz, von dem aus ein gutes Jahrhundert lang ein stattliches Schloß neben der Kirche das Stadtbild beherrschte. Der Gründer der landesherrlichen Linie der Herzöge von Schleswig-Holstein-Gottorf, Herzog Adolf, ließ es in den Jahren 1580–1583 erbauen. Er legte Wert auf ein eigenes Haus in den Eiderstedter Landen, die – wie es in

einem Papier des 17. Jahrhunderts heißt – „allzeit als ein besonder Kleinodt in der fürstlichen Krone erachtet" wurden. Die wirtschaftliche Kraft der Dreilande überragte in der Tat die aller anderen Teile des Gottorfer Herzogtums, und da ist es nicht verwunderlich, wenn sich die Landesherren bemühten, das Wohlergehen ihrer besten Steuerzahler zu sichern und, wenn möglich, noch weiter zu fördern.

Das sichtbare Zeichen für eine planmäßige Wirtschaftsförderung vor fast 400 Jahren ist bis heute der Hafen der

Stadt. Herzog Johann Adolf ließ ihn im Jahre 1613 durch einen erfahrenen Wasserbauer, den Holländer Johann

Das Bild „Ansicht des Tönninger Marktplatzes, nach der Natur gezeichnet und gemalt von M. Stender 1828", zeigt uns den Blick vom ehemaligen Schloßplatz über die Norderbootfahrt hinüber zur St.-Laurentius-Kirche. In der Reihe der Häuser auf der Westseite des Platzes stehen das alte Rathaus der Stadt und das Haus des ehemaligen Festungskommandanten (1. und 4. Haus von links).

Clausen Koth, anlegen und ersetzte damit den alten Sielhafen, der ein wenig eideraufwärts gelegen hatte. Dieser Anlegeplatz war zu eng geworden, denn unter dem Einfluß der zahlreichen Einwanderer aus den Niederlanden, die während der blutigen Glaubenskriege hierhergekommen waren, hatte sich ein reger Export von landwirtschaftlichen Produkten entwickelt. In wenigen Jahren war allein die Menge des Käses, der in Eiderstedt erzeugt und über den Tönninger Hafen nach Westeuropa ausgeführt wurde, auf jährlich mehr als drei Millionen Pfund angewachsen. Der Herzog tat noch ein übriges, um den Warenverkehr zu fördern, indem er zwei Kanäle anlegen ließ. Diese waren, im Gegensatz zu den unbefestigten Wegen in der Marsch, unabhängig von den Wetterverhältnissen in der feuchten Jahreszeit. Einer dieser Kanäle verband Garding mit dem kleinen Hafen Katingsiel, der andere führte von Tetenbüll unmittelbar in den neuen Hafen von Tönning. Heute erfüllen beide, die Süder- und die Norder-Bootfahrt, noch ihre zweite Aufgabe als Entwässerungskanäle.

Durch die Jahrhunderte hindurch hat der Hafen für Tönning seine Bedeutung behalten, wenn auch unter recht unterschiedlichen Umständen. Gegen Ende des 18. Jahrhunderts ließ König Christian VII. von Dänemark an einem technischen Großprojekt arbeiten, das ein anonymer Zeitgenosse unter die Weltwunder zählte und kühn mit den ägyptischen Pyramiden verglich: dem Schleswig-Holsteinischen Kanal, der die Kieler Förde mit dem Unterlauf der Eider verbinden und so einen kurzen und sicheren Schiffahrtsweg zwischen Nord- und Ostsee schaffen sollte. Tönning war mit seinem Hafen der natürliche westliche Endpunkt dieser neuen Wasserstraße. Ein jahrhundertelang geträumter Traum wurde wahr, als im Jahre 1784 die ersten Schiffe die sechs Schleusen zwischen Holtenau und Rendsburg passieren konnten. Am Tönninger Hafen entstand – wie in Holtenau und in Rendsburg – ein großes Lagerhaus, das dazu bestimmt war, ein- und ausgehende Ladungen aufzunehmen.

Um die Sicherheit in dem vielbefahrenen Revier zu verbessern, wurde eine Lotsen-Brüderschaft gegründet, deren Mitglieder bis in die zwanziger Jahre unseres Jahrhunderts die Kapitäne in den schwierigen Gewässern der Eidermündung beraten haben. Unter Leitung des bedeutendsten Lotsen-Inspektors, Hinrich Brarens, entstand sogar eine Navigationsschule, die vielen Steuerleuten und Kapitänen das nötige Rüstzeug auf den Weg gegeben hat.

Die „große Stunde der Stadt Tönning" und ihres Hafens schlug aber im Jahre 1803, als der französische Kaiser Napoleon Hannover besetzte, sich der Elbe bemächtigte und die Engländer daraufhin mit einer Blockade der Flußmündung antworteten. Tönning, der nächstgelegene gute Hafen, befand sich auf neutralem Boden und bot sich daher als Ausweichhafen für Hamburg an, das ohne große Schwierigkeiten von hier aus auf dem Landwege zu erreichen war. Hochwertige Waren wie Kaffee, Tee, Tabak, Kakao und Zucker stapelten sich in dem immer knapper werdenden Lagerraum in der Stadt, und der Hafen reichte bald nicht mehr aus, all die Schiffe aufzunehmen, deren Ladung hier gelöscht werden sollte. Die Zahl der Einwohner, die bei 2.000 gelegen hatte, soll sich in kurzer Zeit verdreifacht haben; mancher „Neubürger" hatte sich einen „schnellen Taler" versprochen und wohl auch eingeheimst. Doch das große Geschäft endete so schnell, wie es begonnen hatte, war es doch allein von den kriegerischen Ereignissen in Europa abhängig gewesen.

Neues Leben bescherte dem Hafen noch einmal die Landwirtschaft der Halbinsel. Auf den saftigen Weiden gedieh hervorragendes Vieh, das man seit Mitte des 19. Jahrhunderts mit Hilfe der neuen Dampfschiffe binnen weniger Tage lebend auf die Viehmärkte in England liefern konnte. Mit 43.000 bis 46.000 Stück Hornvieh und etwa 50.000 Schafen jährlich erreichte die Ausfuhr ihren Höhepunkt. Einheimische Unternehmer gründeten eine eigene, die „Tönninger Dampfschiffahrts-Gesellschaft", und ließen am Ufer der Eider neue Verladebrücken und Viehställe in deren unmittelbarer Nähe bauen. Mit dem Verbot, weiterhin Vieh zu importieren, weil man die Maul- und Klauenseuche fürchtete, beendete die Britische Regierung im Jahre 1889 das blühende Geschäft. Das Vieh konnte jetzt zwar mit Hilfe der Eisenbahn in die neuen Industrierevire an Rhein und Ruhr, in Berlin und in Sachsen geliefert werden, doch in der Stadt Tönning war ein wichtiger Wirtschaftszweig tot. Für den Hafen blieben nur ein bescheidener Güterumschlag und die gerade auflebende Krabbenfischerei übrig. Seit dem Bau des Eidersperrwerks und der Liegeplätze für Fischkutter in dessen Nähe kommen auch die Kutter nur noch selten nach Tönning. Es ist ruhig geworden im Hafen. Den Sportschiffern, die hier Platz gefunden haben, sollte gegenwärtig sein, an welch geschichtsträchtigem Ort sie festmachen!

Markt, Altstadtstraßen, Schloßgarten und Hafen erinnern an freundliche Tage. Hinweise auf die düsteren Zeiten in der Stadtgeschichte fehlen weitgehend. Wie sollte man auch erfahren, daß die Stadt Tönning im 17. Jahrhundert eine nach den Vorstellungen der Militärs moderne Festung und Mittelpunkt der militärischen Verteidigung des Herzogtums Gottorf gewesen ist? Wiederholt hat sie feindliche Heere auf sich gezogen, und insbesondere im Großen Nordischen Krieg von 1700 – 1721 hatte die Bevölkerung der Stadt schwer unter Besatzung und Belagerung zu leiden. Nach dem Ende dieses Krieges ließ der Sieger, der dänische König Friedrich IV., die Anteile der Gottorfer Herzöge am Herzogtum Schleswig mit den seinen vereinigen. Schon im Jahre 1714 gab er den Befehl, die Festung, die das Symbol der Macht seiner Gegner gewesen war, endgültig zu schleifen. Für die Politik, die von Kopenhagen aus betrieben wurde, hatte sie keine Bedeutung mehr, und als Erinnerung an die langen Auseinandersetzungen mit den Gottorfer Rivalen erschien sie durchaus überflüssig. Dieses Schicksal teilte auch bald das Schloß; 1735 wurde es abgetragen.

Eiderstadii Matrona 23. et Virgo. 24.

Habitus Muliebris Eiderstadensium. 25. Habitus Virilis Eiderstadensium. 26.

Habitus Rustici Eiderstadensis. 27. Habitus Puellæ Rusticæ Eiderstadensis. 28.

In ihrem vierten Jahrhundert als Stadt erlebte Tönning eher ruhige, vom Standpunkt der Wirtschaft aus gesehen sogar zu ruhige Zeiten. Gab am Anfang noch die aufblühende See- schiffswerft am Ufer der Eider mit ihren zeitweise über 1.000 Arbeits- plätzen Hoffnung auf eine lebendige Entwicklung, so bedeutete ihr schnel- les Ende nach dem Ersten Weltkrieg und der Inflation einen schweren Ver- lust für die Stadt. Ein im Rahmen des Aufbaus der Luftwaffe errichteter Seefliegerhorst konnte da bei weitem kein Ersatz sein, und die Ansiedlung von kleineren Industriebetrieben nach dem Zweiten Weltkrieg schuf zwar Arbeitsplätze, konnte jedoch zu keiner Zeit den Großarbeitgeber Werft ersetzen. Da zahlte es sich aus, daß man in Tönning schon früh, näm- lich im Jahre 1818, Luft und Wasser entdeckt und längst „Badegäste" in das „Nordseebad" gezogen hatte. In der Saison des Jahres 1927 zählte man bereits die stattliche Zahl von 548 Gästen, die sich bis heute verviel- facht hat.

In dem großen vierbändi- gen Werk „Monumenta inedita…" aus den Jahren 1739 – 1745 hat uns Heinrich Rantzau das Bild der Eiderstedter Tracht überliefert, wie sie bei Frauen und Männern auf dem Lande und in den Städten üblich gewesen ist. Solche Bilder dienten als Vorlagen für die Trachten, die anläßlich eines großen Heimatfestes im Jahre 1927 neu geschaffen wurden und seither vor allem in den Trachtengruppen getragen werden.

I m Jahre 1613
ließ Herzog Johann Adolf
von Gottorf den „newen
Schiffhaven" in der Stadt
Tönning anlegen, um für
den regen Handel einen
geeigneten Umschlagplatz
zu schaffen. Der große
Speicher, das „Packhaus",
entstand im Zusammen-
hang mit dem Bau des
Schleswig-Holsteinischen
Kanals, der die Eider mit
der Kieler Förde verband
und von seiner Eröffnung
(1784) bis zur Einweihung
des Kaiser-Wilhelm-Kanals
(1895) den alten Traum
von einem Schiffahrtsweg
quer durch die cimbrische
Halbinsel erfüllte.

D ie
Kaufleute und Reeder
ließen sich am Tönninger
Hafen nieder und bauten
sich ihre Häuser. Heute ist
es hier stiller geworden,
zumal die Flotte der
Krabbenfischer am Eider-
sperrwerk neue Liegeplätze
erhalten hat; nun liegen sie
wesentlich näher an ihren
Fanggründen vor der Eidermündung.

Zum Programm der Tagesausflüge gehört bei den Gästen der Halbinsel Eiderstedt mit gutem Grund eine Fahrt nach Friedrichstadt. Der Reisende, der diesen Ausflug unternimmt, wird kaum bemerken, daß er Eiderstedter Boden verläßt, wenn er die Bahnlinie Hamburg-Westerland überquert und in die alte Landschaft Stapelholm hineinfährt. Er hört und liest auch nicht die Schilderungen, die vor dreieinhalb Jahrhunderten Menschen hierher ziehen sollten: „Es hat die Sonne nie ein schöneres Land geschaut. Eine liebliche Luft; zwei tüchtige Flüsse, in denen ringsumher schöne Fische schwimmen. Die Treene süß von Geschmack; die Eider sehr geeignet für überseeischen Handel, wohin es auch sei." Erst wenn er sich ein wenig näher mit der ganz besonderen Geschichte dieser Stadt vertraut gemacht hat, wird er verstehen, warum sie gerade hier liegt und warum sie ihren ganz besonderen baulichen Charakter hat.

Seit Jahrzehnten sind die Verantwortlichen der Stadt, das Landesamt für Denkmalpflege, aber auch viele Bürger bemüht, das Stadtbild zu bewahren und es wiederherzustellen, wo es verunstaltet war. Heute ist Friedrichstadt mit Recht ein „Stadtdenkmal". Hunderttausende Besucher bestätigen seinen Wert, lösen aber auch bei manchem Bürger Unbehagen aus, wenn er in den Monaten der Hauptsaison seine Stadt kaum wiedererkennt. Dann macht es ihm Mühe, einen Parkplatz zu finden, obwohl die Touristenbusse längst auf die Plätze am Rande der Stadt verbannt sind, und er rechnet nach, wieviel aus dem Stadtsäckel bezahlt werden muß, um den Fremdenverkehr zu bewältigen, wie wenig jedoch ein Tagestourist an Geld hinterläßt. Dennoch: Die Friedrichstädter müssen sich glücklich schätzen, daß ihre Stadt nach dem Verlust zahlreicher mittelständischer

Unternehmen, die Lohn und Brot gaben, den modernen Tourismus als neue Erwerbsquelle erschließen konnte.

Im Vergleich mit alten, gewachsenen Städten zeichnet sich Friedrichstadts Grundriß durch ein Netz von Wasserläufen und Straßen aus, die eindeutig auf eine planmäßige Anlage schließen lassen.

Gründer, Förderer und schließlich Namensgeber für die Stadt war Herzog Friedrich III. von Schleswig-Holstein-Gottorf (1616 – 1659), zu dessen Territorium die Landschaften Dithmarschen, Stapelholm und Eiderstedt sowie das Amt Husum gehörten. Er führte den kleinen Staat auf den Höhepunkt seiner Entwicklung. Seine kulturellen und wissenschaftlichen

ort machte Friedrich das Gelände südlich der Treene aus, die schon im Jahre 1570 durchdämmt worden war und deren Wasser seither durch zwei breite Sielzüge in die Eider geleitet wurde. Hierher rief Friedrich die Menschen, deren Unternehmergeist er schätzte: Glaubensflüchtlinge aus den Niederlanden, Remonstranten, die mit der calvinistischen Kirche in Konflikt geraten waren. Trotz mancher Schwierigkeiten konnte am 24. September 1621 der Grundstein für das erste Haus des neuen Gemeinwesens gelegt werden. In den folgenden Jahren wurde fleißig gebaut und mancher Plan für die wirtschaftliche Entwicklung geboren. Indes mußte es aus vielerlei Gründen in den meisten Fällen bei Planungen bleiben. Da waren die russischen Herrscher, die einen zollfreien Warenverkehr durch ihre Länder nicht billigen wollten, dann kam der Dreißigjährige Krieg, aus dem Friedrich sein Herrschaftsgebiet trotz guten Willens nicht heraushalten konnte, da war die große Sturmflut von 1634, die das gesamte wirtschaftliche Leben in den Küstenländern schwer traf. Wenn schon die Vorstellung vom wirtschaftlichen Gedeihen der neuen Stadt nicht verwirklicht werden konnte, wieviel weniger dann erst der Plan, bedeutende Wissenschaftler hierherzuziehen und eine hohe Schule, so etwas wie eine Universität, einzurichten. Die großen Träume von einer aufblühenden Stadt wurden bald zunichte, doch gelang es manchem Zuwanderer, einen bescheidenen, aber soliden Wohlstand zu entwickeln.

Herzog Friedrich III. von Schleswig-Holstein-Gottorf ist der Gründer der Stadt, die seinen Namen trägt. Unser Bild – gemalt von Julius Strachen um 1638 – zeigt ihn mit seiner Gemahlin, der aus Sachsen stammenden Herzogin Maria Elisabeth, mit seinen Kindern und seinem Hofstaat. Das Herrscherpaar machte seine Residenz auf Schloß Gottorf in Schleswig durch die Pflege von Kunst und Wissenschaft zum bedeutendsten Musenhof in ganz Nordeuropa.

Interessen ließen Schloß Gottorf zum bekanntesten Musenhof in ganz Nordeuropa werden. Kunst und Musik wurden gepflegt, die Wirtschaft wurde gefördert. Die Handelsverbindungen reichten bis nach Spanien und Frankreich, schließlich sogar bis an die Küsten des östlichen Mittelmeeres. Nach dem Willen des Herrschers sollten Beziehungen nach Persien, die er durch eine eigene Delegation anknüpfen ließ, den Handel seines Herzogtums mit dem Orient und Rußland fördern. Als Stützpunkt für die erwarteten Warenströme sollte an der Westküste eine neue Stadt mit einem zusätzlichen Hafen dienen: Friedrichstadt. Als geeigneten Stand-

Neben den Remonstranten genossen die Angehörigen einer anderen Gemeinschaft hier die religiöse Freiheit, die sie in den Niederlanden entbehrten: die Mennoniten. Ganze Straßenzüge sind von ihnen, die bald zur zweitstärksten Glaubensgemeinschaft Friedrichstadts wurden, bebaut und bewohnt worden; mancher führende Kopf in den städtischen Gremien ist aus ihrer Mitte gekommen. Zahlenmäßig stärkste Gemeinde waren die Lutheraner. Sie sind hauptsächlich aus der Nachbarschaft nach Friedrichstadt gezogen, gehörten aber, weil sie meist weniger vermögend waren, selten zu den führenden Familien. Katholiken benötigten keinen Ort besonderen Schutzes, aber die Dominikanerpatres erkannten die Möglichkeit, von diesem Ort religiöser Freiheit aus für den katholischen Glauben zu werben und zu wirken. Verhältnismäßig spät – erst fünfzig Jahre nach der Stadtgründung – fand sich auch die erste jüdische Familie ein, die beim Landesherrn mit Erfolg um die Genehmigung zur Ansiedlung und freien Religionsausübung nachgesucht hatte. Wo ein Stadtregiment gegenüber Andersdenkenden so viel Toleranz übte, da erschienen im Laufe der Zeit auch manch andere Gruppen von „Sektierern", die kürzere oder längere Zeit blieben. Die bekannteste ist die der Quäker, die sich im Jahre 1677 sogar ein eigenes Versammlungshaus bauen konnte, deren Spuren sich aber einige Jahrzehnte später wieder verlieren.

Ein Rundgang durch Friedrichstadt erschließt dem Besucher, der sich ein wenig in der Regionalgeschichte umgesehen hat, viele interessante Eindrücke. Dabei bedarf es kaum des Hinweises am Stadteingang, daß hier ein „Holländerstädtchen" zu sehen ist. Die Stadtanlage, die Treppengiebelhäuser und manche bauliche Einzelheit erinnern an die ersten Bürger. Die holländische Sprache allerdings ist heute nicht mehr zu hören, obgleich sie ursprünglich die Amtssprache der Stadtoberen gewesen ist. Daher ruht auch im Stadtarchiv manches niederländisch geschriebene Dokument.

Die Zahl der Baudenkmäler wäre sicher noch wesentlich größer, wenn nicht ein kriegerisches Ereignis fast zwei Drittel des Bestandes vernichtet hätte. Während des Krieges der Schleswig-Holsteiner gegen ihren Landesherrn König Friedrich VII. von Dänemark beschossen diese im Spätsommer des Jahres 1850 die Stadt, in der sich dänische Truppen befanden. Sie richteten damit einen unübersehbaren Schaden an, ohne militärisch ihre Niederlage abwenden zu können. Die „prominentesten" Opfer der Beschießung waren das Rathaus und die Remonstrantenkirche. Das heutige Gotteshaus der Gemeinde ist also ein verhältnismäßig junger Bau. Die Fassade des Rathauses, das erst 1910 errichtet wurde, möchte sich mit der Nachahmung der niederländischen Renaissance in die ältere Baugeschichte der Stadt einpassen. Gleiches gilt auch von dem in demselben Jahr errichteten Gemeindehaus der Remonstranten, das jenseits des Ostersielzuges gebaut wurde, heute aber nicht mehr der Gemeinde dient, sondern zu einer Privatklinik geworden ist.

Eines der beliebtesten Motive für Fotografen ist die Häuserzeile an der Westseite des Marktplatzes, die sich nach Beseitigung einiger Bausünden in ihrer alten Pracht darbietet. Wenn der Fotograf dann als Vordergrund für seine Aufnahme den buntbemalten Marktbrunnen oder die „Steinerne Brücke" wählt, hat er schon viel von der Stadt eingefangen. Doch er darf sich damit gewiß nicht zufriedengeben. Am Mittelburgwall liegt eines der prächtigsten Gebäude der Stadt, die „Alte Münze", deren reichgegliederte Fassade wie im Lehrbuch die Schmuckelemente zeigt, die die Baumeister der Zeit gerne benutzt haben. In einem Nebenflügel dieses Hauses findet sich der bescheidene Betsaal der Mennoniten und dahinter ihr kleiner Friedhof.

Dem Gebäudekomplex „gegenüber", auf der nördlichen Seite des Mittelburgwalls, liegt die evangelisch-lutherische Kirche inmitten des ehemaligen Friedhofes. Im Innern der schlichten Saalkirche erinnert ein Gemälde – die „Beweinung Christi" – an den in Tönning geborenen, lange Zeit in Friedrichstadt ansässigen und hier im Jahre 1678 gestorbenen Maler des Barock Jürgen Ovens. Die katholische Kirche St. Canutus, ein äußerlich wenig auffallender Bau aus der Mitte des 19. Jahrhunderts, wurde fast versteckt in der Reihe der Bürgerhäuser im Fürstenburgwall erbaut. Während man so bei einem Gang durch die Stadt Katholiken, Lutheranern, Mennoniten und Remonstranten begegnet, ist von der jüdischen Gemeinde kaum noch eine Spur zu finden. Es sei denn, ein Kundiger macht auf das Haus Ecke Westermarktstraße/Binnenhafen aufmerksam, das bis 1938 als Synagoge diente, danach aber zu einem Wohnhaus umgebaut wurde. Im Nordwesten der Stadt entdeckt man noch den alten jüdischen Friedhof mit einigen wenigen Grabsteinen. Wer den Spuren der Juden in Friedrichstadt nachgehen will, deren Zahl einmal über 400 be-

tragen hat, der tut das am besten in der ausgezeichneten Sammlung von Dokumenten, die das Stadtarchiv aufgebaut hat.

Außer den herausragenden öffentlichen Gebäuden sieht der Besucher, der sich vorgenommen hat, Friedrichstadt ganz zu erkunden, viele Häuser, die an das bürgerliche Leben,

Auf ihrem Grundstück an der Prinzeßstraße, auf dem die Remonstranten im Jahre 1624 ihr eigenes Gotteshaus errichteten und nach der Zerstörung im Kriege 1850 neu erbauten, hat die Gemeinde auch ihre Toten begraben. Die Grabsteine mit den Inschriften in niederländischer Sprache zeugen heute noch von der Herkunft dieser Glaubensgemeinschaft.

an Kaufleute, Handwerker und auch Fabrikanten erinnern. Zahlreich waren die Kaufleute, und vielseitig war ihr Angebot: ob sie nun Kleinhandel betrieben oder ob sie die Umgebung der Stadt versorgten – übrigens auch als reisende Händler, die in den Dörfern gern gesehen waren – oder ob sie Großhändler für den ganzen weiten Bereich des alten Herzogtums Schleswig waren. Neben dem Handel hat auch das produzierende Gewerbe in der Stadt gute Zeiten gesehen. So konnte sich im 18. Jahrhundert eine beachtliche Textilindustrie entfalten, die ihre Produkte sogar nach Indien verkaufte. Dagegen befriedigten Brauer und Branntweinbrenner eher den Bedarf der Einheimischen. Berühmt und begehrt war auch weithin der „Friedrichstädter Senf". In der Zeit der allgemeinen Industrialisierung folgten andere Fabriken, eine Knochenmühle, eine Säurefabrik und schließlich „Kölln's Walzenmühle", die landwirtschaftliche Produkte der Region verarbeitete.

Alle diese Unternehmungen boten Arbeitsplätze und einen gewissen Wohlstand, bis die großen Strukturveränderungen unseres Jahrhunderts den meisten von ihnen die Grundlage nahmen. Sie mußten geschlossen werden, ohne daß andere wirtschaftliche Aktivitäten einen Ersatz geboten hätten – es sei denn, wir wollen das Produkt unserer Tage, den Tourismus, nennen. Er muß jetzt mithelfen, den 1829 in Versform gekleideten Wunsch des lutherischen Pastors Johann Christoph Biernatzki zu verwirklichen: „Liebliche Treenestadt, freundliches Friedrichstadt, blüh' ewiglich!"

D er
Besucher Friedrichstadts,
der am Mittelburgwall die
eindrucksvolle Fassade der
„Alten Münze" betrachtet,
ahnt kaum, daß hinter
diesem Gebäude ein
weiteres Kleinod zu finden
ist. Hier liegt der Friedhof
der Mennoniten inmitten
eines Straßenvierecks. Im
Erdgeschoß des weißen
Gebäudes findet man den
bescheidenen Betsaal der
Gemeinde. Die Mennoni-
ten zählten in Friedrich-
stadt einstmals nach den
Lutheranern die meisten
Mitglieder und stellten
manchen führenden Kopf
im Stadtregiment.

E ines der beliebtesten Motive in der Treenestadt ist die Straßenfront des Paludanus-Hauses in der Prinzenstraße. Die Hausmarke, die beim Neubau erhalten geblieben ist, weist mit der Jahreszahl 1637 auf die Jahre der Gründung Friedrichstadts zurück. Damals schuf sich hier der reiche Weinhändler Godefridus Paludanus seine neue Bleibe.

D

er Mittelburggraben teilt Friedrichstadt in die Vorder- und Hinterstadt. So haben es die Stadtplaner im 17. Jahrhundert gewollt, und so ist es noch heute. Die „Steenern Brüch", die steinerne Brücke, verbindet die beiden großen innerstädtischen Plätze, den Marktplatz und das Stadtfeld. An der Westseite des Marktplatzes zeugt die Reihe der sorgfältig restaurierten Treppengiebelhäuser von der Kunst der Handwerker in der Gründungszeit.

E
ine
Besonderheit der Bau-
substanz Friedrichstadts
sind die Hausmarken.
Schon die Einwanderer
zierten die Hausfront ihrer
neu errichteten Heim-
stätten mit einem
„Gevelsteen", einem
„Giebelstein", dessen
Bildmotiv häufig eine
Beziehung zum Beruf des
Bauherrn hatte. Wann und
warum der Bürger, der sich
am Binnenhafen sein Haus
bauen ließ, den „Gevel-
steen" mit der weißen
Katze gesetzt hat, ist nicht
mehr bekannt. Die alte
Sitte aber, neue Häuser mit
Hausmarken zu versehen,
ist noch immer lebendig.

St. Peter-Ording
Ording
Böhl
Tholendorf
Esing
Tümlauer Koog
Westerhever
Stuffhusen
Neuaugustenkoog
Wilhelminenkoog
Ehst
Süderdeich
Tating
Medehop
Osterhever
Norder-
heverkoog
Elstensiel
Süderdeich
Grothusen-
koog
Borshusen
Poppenbüll
Vollerwiek
Welt
Garding
Marschkoog
Sieversfleth
Wasserkoog
Kaltenhörn
Norderfriedrichskoog
Katingsiel
Katinger Watt
Freizeitlandschaft
Tetenbüll
Katharinenheerd
B 202
Warmhörn
Uhlesbüll
Eider-Sperrwerk
EIDER
Kating
Oftersum
Kotzenbüll
Hemmerdeich
Rotenspieker
Hafblek
Oldenswort
Osterende
Reimersbude
Roter Haubarg
Tönning
Heide
Friedrichstadt
Koldenbüttel
Witzwort
Herrnhallig
Husum

ca. 5 Km

Konzessionierter Badestrand

Badeplatz

Nordsee
EIDERSTEDT
Niedersachsen
Dänemark
Neibüll
Husum
Brunsbüttel
Heide
Schleswig
Flensburg
Itzehoe
Neumünster
Rendsburg
Elmshorn
Kiel
Hamburg